Q&A 今さら聞けない
自治体議会の基礎知識

Basic knowledge of Local council

議会事務局実務研究会

[著] 林　敏之
　　　大島俊也

第一法規

はしがき

「お誘いがあります。」

筆者にとって本書は、この言葉から始まりました。

マンションや保険の営業ではなく、デートのお誘いでもありません。筆者が参加する「議会事務局実務研究会」の呼びかけ人、吉田利宏さんからのメールです。「議会事務局実務研究会（通称：実務研）」は、2011（平成23）年、元衆議院法制局参事の吉田さんと町田市議会事務局調査法制担当係長（当時）の香川純一さんの呼びかけで発足した集まりです。議会関係の実務家が集まり、業務上の疑問や課題を持ち寄って意見交換・情報交換をしています。

そんな「実務研」に第一法規㈱から、新しく議員になった方向けに自治体議会に関するＱ＆Ａを書いてほしいというお話をいただき、さらに吉田さんから筆者へのお誘いに至りました。まだ議員になっていない方々や、議員になったばかりの方々に向けて、自治体議会についてソフトに解説するものができないかというお話でした。自治体議会に関する解説書は今まで何冊も発行されています。でも、例えばこんな疑問に答えるものは果たしてあったでしょうか。

・ベテラン議員はトップ当選した議員より偉い？
・本会議には、絶対に出席しなければいけない？
・案件について賛否を決められない場合は、どうすればいい？

今までの解説書は、法制度や解釈・理屈や知識を紹介する一般的な教科書が多かったかと思います。それらは知っておくべき非常に大事なものです。しかし同時に、「実態」も知らなければ、自治体議会でサバイバルしていけません。本書はそんな、なかなか人には聞けない、あるいは聞きづらいことなど、一般的な教科書にはあまり載っていないような疑問に対して、議会事

i

務局に在籍していた筆者の経験談を交えながら答えていくものとなっています。

　本書は、上記のような趣旨のもとで2015（平成27）年6月から2018（平成30）年6月まで3年間にわたってウェブマガジン「議員ＮＡＶＩ」（第一法規）に連載した「みんなの議会事務局！」を、書籍としてまとめるに当たり、再構成、加筆・修正を行ったものです。あくまで筆者の議会事務局での経験を中心としているため、自治体議員になるための選挙活動や当選後の地元後援会との付き合い方などには触れていません。

　筆者は様々な議員の苦労や努力を見聞きしてきました。だからこそ、ベテラン議員にも新人議員にも大いに活躍して頂きたいと思っています。議会改革が叫ばれる昨今、大上段にそれを語る前に、自治体議会の基礎知識、いわば今までの常識を知ってこそ、その先に進むことができるのではないか、そんな思いで本書に取り組みました。

2018年12月

林敏之・大島俊也

Q&A 今さら聞けない自治体議会の基礎知識

はしがき ·· i

第1章　議員に当選したら

議員としての自覚を持とう ··· 2

1　1年間のスケジュール ··· 5
- いつからいつまでが「議員」の任期？ ································· 5
- 選挙直後のスケジュールは、普段とは違う？ ······················ 6
- 議会の1年間のスケジュールは？ ·· 6
- 定例会の一般的なスケジュールは？ ···································· 7
- 本会議の終了時間は決まっている？ ···································· 8

2　議席番号、委員会決め ··· 9
- 議席はどうやって決める？ ·· 9
- 委員会や委員はどうやって決める？ ···································· 10

3　気をつけたいこと ··· 11
- 議員になったら気をつけた方がいいことは？ ······················ 11
- 自治体職員に対して何かを頼んだら、パワハラになる？ ····· 12
- 自治体職員とうまく付き合うコツは？ ································· 14
- ベテラン議員はトップ当選した議員より偉い？ ··················· 15
- 年齢や政治的な姿勢などで周囲からの扱いが変わる？ ········ 16
- 何をやっているのか分からないと言われないためには？ ····· 17
- 住民から気軽に相談されるようにするには？ ······················ 18
- Column　居眠りのプロ？ ·· 20

第2章 初めての議会に臨む前に

議会は議員活動のメインステージ …… 22

1 議会 …… 25
- 会期って何ですか？ …… 25
- 議会を通年開くことの長所と短所は？ …… 26
- 本会議には、絶対に出席しなければいけない？ …… 26
- 議会で決められることは条例や予算だけなの？ …… 27
- 議案とは関係ない内容の報告を求めることはできる？ …… 28
- 専決処分になるタイミングは？ …… 29

2 議長 …… 31
- 議長の仕事って何ですか？ …… 31
- 議長や副議長はどうやって決める？ …… 32
- 誰でも議長になれる？ …… 33
- 臨時議長って何ですか？ …… 34
- 本会議場では、用意されている次第を読めばいいの？ …… 34
- 議長は採決に参加できない？ …… 35
- 議長を辞めさせるには？ …… 36
- 副議長の仕事って何ですか？ …… 37

3 議会事務局 …… 38
- 議会事務局って何ですか？ …… 38
- 議会事務局の職員って執行機関側のスパイなの？ …… 38
- 議会事務局は議員の秘書のようなもの？ …… 39
- 議会を開いていない会期外は何をしている？ …… 40
- 政策条例案を提出したいけれど、

- どこまで議会事務局でつくってくれる？ ……………… 40
- 地区の会合で使う挨拶文は書いてくれる？ ……………… 41
- 議員の名前や顔が分からない職員なんて、いないよね？ ……………… 42
- 議会事務局の職員にどのように接すればいい？ ……………… 43
- 議会事務局の職員に餞別やお土産をあげてもいい？ ……………… 44

4 会議原則 ……………… 45
- 会議原則って、そもそも何ですか？ ……………… 45
- 本会議や委員会の途中に席から離れてはダメ？
  （定足数の原則） ……………… 46
- 採決で可否同数の際、議長や委員長は自由に決められる？
  （現状維持の原則） ……………… 46
- 議決はやり直せる？（一事不再議の原則） ……………… 47
- 議案や請願・陳情に結論を出さないと、どうなる？
  （会期不継続の原則） ……………… 48
- 討論で発言した後、次の発言者に反論するのはダメ？
  （討論1人1回の原則） ……………… 48
- ２つの委員会にまたがりそうな議案は、どうする？
  （議案不可分の原則） ……………… 49

5 会派 ……………… 50
- 大きな会派に入っていないと損？ ……………… 50
- 言いたいことを言わせてもらえないってホント？（少数会派） ……………… 51
- 議会のノウハウやマナーを教えてもらえないってホント？
  （少数会派） ……………… 52
- 執行機関から情報がもらえないってホント？（少数会派） ……………… 53
- 幹事長会のような会議のメンバーになれないってホント？
  （少数会派） ……………… 54

目次

- **6　先例・申し合わせ** …………………………………………… 56
  - 申し合わせや先例って、そもそも何ですか？ ………………… 56
  - 申し合わせや先例の具体的な内容には、どんなものがある？ …… 56
  - 申し合わせは、どうやって決める？ …………………………… 57
  - 昔の先例に拘束されるなんて、そんな前例踏襲はおかしくない？ …… 58
  - 申し合わせや先例を守らないとどうなる？
    取扱いを変えてはダメ？ ……………………………………… 59
  - 申し合わせや先例は、あらかじめ見られる？ ………………… 59
- **Column** 職員との飲み会 …………………………………………… 61

第3章　議会の開会中

いざ本番に臨むに当たって ……………………………………………… 64

1　一般質問 ……………………………………………………… 68
- 一般質問って、そもそも何ですか？ ……………………………… 68
- 質問するテーマで気をつけた方がいいことは？ ………………… 68
- 「質問」と「質疑」は何が違う？ ………………………………… 69
- 一般質問はしなくてはいけない？ ………………………………… 70
- 事前に執行機関側と調整したくないのですが？ ………………… 71
- 通告書は細かく書く必要がある？ ………………………………… 71
- 一般質問の答弁に納得できないときは、どうすればいい？ …… 72
- 一般質問のときに議会事務局職員がよく頼まれることは？ …… 73

2　委員会 ………………………………………………………… 75
- 委員会は設置しなければいけない？ ……………………………… 75
- 常任委員会と特別委員会は、何が違う？ ………………………… 76

- 委員会での発言で気をつけた方がいいことは？ ……………… 77
- パネルや写真、現物を見せながら発言できる？ …………… 77
- 全ての議題について発言しないといけない？ ……………… 78
- 自分が所属していない委員会では発言できない？ ………… 79
- 案件について賛否を決められない場合は、どうすればいい？ ……… 79
- 委員会室に持ち込める物や服装に制限はある？ …………… 80
- 自治体や議会の不祥事などを特に取り上げたいときは
  どうすればいい？ ……………………………………………… 81

3　予算・決算の審査 …………………………………………… 83

- 決算の審査なんて、そもそも使ってしまったお金について
  議論する意味はある？ ………………………………………… 83
- 予算や決算全体を審査するなんて、分野が広すぎない？ ……… 83
- 毎回特別委員会を設置するのはなぜ？ ……………………… 85
- 予算書・決算書を見てもよく分からないけれど、どうすればいい？ … 85
- 議会費の予算は、どう決めている？ ………………………… 86
- そもそも執行機関は、どんな手順で予算案をつくる？ …… 87
- 質問したいことについて、どう勉強したらいい？ ………… 88
- 執行機関が嫌がる質問って、どんなもの？ ………………… 89
- 予算案に賛成の場合は、どんな質問がいい？ ……………… 90
- 決算審査をするとき、どこに注目すればいい？ …………… 90
- 資料要求をしてもいい？ ……………………………………… 91
- 資料要求をするときのコツは？ ……………………………… 92
- 資料要求に執行機関が気持ちよく応えられない事情って、何？ ……… 93
- 議会費について質問していい？ ……………………………… 94
- 予算案を否決したくないけれど、
  単純に可決するのも嫌なときはどうする？ ………………… 95
- 予算の修正案や組替え動議をつくるとき、

目次

- 注意した方がよいことは？ ……………………………………… 96
- 予算案に反対したから決算は不認定にすべき？ ……………… 97
- 決算が認定されなかった場合はどうなる？ …………………… 97

4 請願・陳情 …………………………………………………… 99
- 請願と陳情の違いは？ …………………………………………… 99
- 一部採択や趣旨採択は認められる？ …………………………… 100
- 理由を説明せずに採択や不採択にしてもいい？ ……………… 100
- 請願提出者の関係者が大勢傍聴に来たら？ …………………… 101
- 分割付託はできる？ ……………………………………………… 102
- 紹介議員の役割とは？ …………………………………………… 102
- 請願者が委員会で直接説明することはできる？ ……………… 103

5 意見書・決議 ………………………………………………… 104
- 意見書と決議って、そもそも何ですか？ ……………………… 104
- 意見書や決議の案を提出・議決するかは、どうやって決める？ … 105
- 意見書や決議の文章は、誰がどうやって書く？ ……………… 105
- 民間企業などには意見書を提出できない？ …………………… 106
- 意見書や決議を議決して効果はある？ ………………………… 107

6 公聴会・参考人 ……………………………………………… 109
- 公聴会って、そもそも何ですか？ ……………………………… 109
- なぜ公聴会の開催が少ない？ …………………………………… 109
- 公聴会と参考人の違いは？ ……………………………………… 110
- 参考人の招致は簡単にできる？ ………………………………… 111
- 参考人の招致が多い事例は？ …………………………………… 111
- 公聴会の開催や参考人招致について注意することは？ ……… 112

7 傍聴 114
- どんな会議でも傍聴できる？ 114
- 誰でも傍聴できる？ 115
- 子どもは議会に入れない？ 116
- 傍聴規則が古めかしいのはなぜ？ 116
- 新しい傍聴対応の動きって？ 117
- 傍聴席から議員はどのように見える？ 118

8 議会中継 120
- インターネット議会中継は必要？ 120
- 議会中継を行う方法はどんなものがある？ 121
- 不適切発言があった場合、中継配信はどうなる？ 121
- 傍聴者から「自分を映すな」とクレームがあったのですが…… 122

9 100条委員会 123
- 100条委員会ってどんな委員会？ 123
- 100条委員会運営の注意点は？ 124
- 不出頭者への取扱いは？ 124
- 宣誓の方法は？ 偽証への取扱いは？ 125
- 証人尋問に当たって注意することは？ 126
- 調査報告書はどう作成すればいい？ 127

Column 理事者の苦悩 128

第4章 議会の閉会中

本番はもちろん、本番前も本番後も大事 130

目 次

1 政務活動費 ……………………………………………………………… 133
- 政務活動費って、そもそも何ですか？ ……………………………… 133
- 政務活動費は必要？ …………………………………………………… 133
- 議会事務局が「いい」って言ったら、
  政務活動費で支払っていい？ ……………………………………… 135
- 政務活動費は使わない方がいい？ …………………………………… 136
- タブレットやカメラなどの備品を買うのに使ってもいい？ ……… 136
- 領収書はホームページで公表した方がいい？ ……………………… 137

2 視察 ……………………………………………………………………… 139
- 視察の時期は決まっている？ ………………………………………… 139
- 行きたい視察先は、どこでも行ける？ ……………………………… 139
- 災害が起きそうなときは、どうする？ ……………………………… 140
- 飛行機やタクシーなどの交通手段は自由に選べる？ ……………… 141
- 視察中にSNSで発信していい？ ……………………………………… 141
- 会派視察の幹事役を任されたけれど、どうすればいい？ ………… 142
- 批判を受けない視察とは？ …………………………………………… 143

3 議会広報 ………………………………………………………………… 144
- 議会報の原稿は誰が書く？ …………………………………………… 144
- 議会報に掲載する記事や写真に基準はある？ ……………………… 144
- もっと目を引く写真を載せられない？ ……………………………… 145
- 議員個人の活動を紹介する記事を載せてもいい？ ………………… 146
- 自分たちに都合の悪い記事も掲載しないとダメ？ ………………… 146
- 議会報も新聞の日刊紙みたいに議会直後に発行できない？ ……… 147
- 使いやすい議会ホームページって？ ………………………………… 148
- Facebook（フェイスブック）などのSNSを利用した
  議会広報の現状は？ ………………………………………………… 149

- ● 視覚障害者はどのように議会の情報を得ている？ ……………………… 150

4 会議録 …………………………………………………………………… 152
- ● 会議録は誰がどうやってつくっている？ ……………………………… 152
- ● もっと早く会議録をつくれない？ ……………………………………… 152
- ● 会議録署名議員の署名は何のためにする？ …………………………… 153
- ● ヤジも会議録に載せる？ ………………………………………………… 154
- ● 会議録を直させたい場合は、どうする？ ……………………………… 154
- ● 会議録を調べるときに、注意した方がいいことは？ ………………… 155

Column 委員会視察の夜 …………………………………………………… 157

第5章　議会改革

なぜ、議会改革をしなければならないのか ………………………………… 160

1 議会改革 …………………………………………………………………… 163
- ● 議会のICT化は何のために行う？ ……………………………………… 163
- ● 議会のICT化にはどんなものがある？ ………………………………… 163
- ● 議会改革を進めたいけれど、まず何をすればいい？ ………………… 165
- ● 議会改革に取り組みたくても、議会内の意思統一が難しいのでは？ … 165
- ● 簡単にできる議会改革ってない？ ……………………………………… 166
- ● 議会改革の主なメニューを全部やったら、
  改革は終えたと思っていい？ …………………………………………… 167
- ● 議会改革について、議会事務局や執行機関はどう思っている？ …… 168
- ● 議会事務局の役割は？ …………………………………………………… 169

目次

2 議会基本条例 …………………………………………………………… 170
- 議会基本条例って、そもそも何ですか？ ……………………………… 170
- 議会基本条例が自分の議会でどうやって制定されたのか
  プロセスが分からないのですが…… …………………………………… 170
- 自分の議会はまだ制定していないのですが…… ……………………… 171
- 議会改革の取組をしてから制定するもの？ …………………………… 172
- 条例案をつくるに当たり、具体的な道筋は？ ………………………… 173
- 議会事務局で条例案をつくってくれる？ ……………………………… 174
- 議会基本条例をつくるとどうなる？ …………………………………… 175
- 議会基本条例をつくったら次回の選挙に有利？ ……………………… 176
- すでに議会基本条例が制定されていたけれど、どうすればよい？ … 176

3 タブレットの導入 ……………………………………………………… 178
- どうしてタブレットの導入が進んでいるの？ ………………………… 178
- タブレットを導入したらどうなる？ …………………………………… 179
- 紙の資料の方が見やすくない？ ………………………………………… 179
- タブレットを私的に使っていい？ ……………………………………… 180
- 会議中にインターネットにアクセスしていい？ ……………………… 181
- 議会資料を表示させるためだけにタブレットを導入するの？ ……… 181
- ペーパーレスの目的以外でタブレット活用をする際に
  注意することは？ ………………………………………………………… 182

4 政策条例づくり ………………………………………………………… 184
- 議員が政策条例を提案するのはなぜ？ ………………………………… 184
- そもそも条例案を議員が提案する必要がある？ ……………………… 184
- 予算を伴う条例案は提出できる？ ……………………………………… 186
- その条例、本当に必要？ ………………………………………………… 187
- どうすれば可決される条例案を出せる？ ……………………………… 188

- うちの議会ではつくれないと思うのですが？ ……………………… 189
- そもそも議会事務局が支えられる？ ………………………………… 190

5 議員定数と報酬 …………………………………………………… 192
- 議員定数はどうやって決めている？ ………………………………… 192
- 適正な議員定数は？ …………………………………………………… 193
- 議員の数は多すぎるのですか？ ……………………………………… 194
- 議員報酬は給料とは違う？ …………………………………………… 195
- 議員報酬の金額は変更できる？ ……………………………………… 195
- 議員報酬の一部を返上したいのですが？ …………………………… 196
- 休んでいても報酬が出る？ …………………………………………… 196

6 議会報告会 ………………………………………………………… 198
- 議会報告会って何ですか？ …………………………………………… 198
- 議会報告会はどうやって開催すればいい？ ………………………… 199
- 議会批判一色にならない？ …………………………………………… 199
- 新しい参加者を増やすには？ ………………………………………… 201
- 参加者が求める内容とは？ …………………………………………… 201
- 個人の意見を言いたいのですが？ …………………………………… 202

7 議長立候補制 ……………………………………………………… 204
- 議長立候補制って何ですか？ ………………………………………… 204
- 議長は立候補できないと聞いているのですが？ …………………… 205

8 議会図書室 ………………………………………………………… 206
- なぜ議会に図書室があるの？ ………………………………………… 206
- 議会図書室の役割って何ですか？ …………………………………… 206
- 欲しい本を買ってくれる？ …………………………………………… 207

目 次

- 自治体議会の議会図書室の現状は？ …………………………………… 208
- 議会に図書室は必要？ …………………………………………………… 208
- 使える議会図書室にするには？ ………………………………………… 209
- 司書の調査と議会事務局が行う調査は何が違う？ …………………… 210
- すぐにできる議会図書室改革は？ ……………………………………… 211

Column 議員野球はつらいよ ………………………………………………… 213

あとがき ……………………………………………………………………… 215
索引 …………………………………………………………………………… 217
執筆者一覧 …………………………………………………………………… 221

第 1 章

議員に当選したら

1 1年間のスケジュール …………… 5
2 議席番号、委員会決め …………… 9
3 気をつけたいこと …………… 11

議員としての自覚を持とう

　選挙で住民からの支持を集め、無事に当選したら、議員としての活動が始まります。一般的に、民間企業に新入社員として就職した場合、社会人としてのマナーを学ぶ研修を受けたり、先輩社員から手取り足取り指導があったりして、何年もかけて一人前になっていきますが、自治体議員はそうはいきません。住民から見たら新人議員もベテラン議員も同じ「議員」であり、住民の代表として同様の役割を期待されます。また、「当選回数別議員研修」のような段階別の研修もありませんので、個人で資質を高める努力が求められるといえましょう。そのため、新人議員は当選してから、かなり多くのことを覚える必要があります。とはいえ、毎日血のにじむような努力をしてもしなくても、4年間は議員の座が安泰であることもあってか、議員の間でも少しずつ力量の差が見え始めてきます。議会における発言についても、的確な質問や質疑を繰り出す議員もいれば、準備不足だったり勉強不足であることが露呈するような質疑を繰り返す議員もいたりします。各議会の会議規則で定められていますが、通常会議録は永年保存です。行政の課題を鋭く指摘する質問も、議員として資質を疑われるような発言も同じように孫の代まで残ります。十分準備をして、議会に臨むようにしましょう。

■ 初めての議会までにやっておきたいこと

　ところで、当選してから初議会までの期間に何をしておけばよいのでしょうか？　基本的なことは議会事務局から様々な案内があると思いますので、それらの案内を参照すれば大丈夫です。例えば議会ホームページに載せる内容の確認や防災服の採寸、庁舎の案内や管理職職員からの事業の説明などがあると思います。また新人議員の場合、氏名の表記をどうするのかというの

も重要です。本名どおりで行くのか、苗字のみ漢字で名前はひらがなにするのかなど考える必要があるでしょう。氏名の表記は後で変更できなくはありませんが、議員にとってとても大事なものですから、一番初めにびしっと決めておきたいものです。公開する連絡先住所や電話番号に対しても同様です。初めは自宅の電話番号や個人の携帯番号を公表しておいて、後から専用の回線に変更する議員もいますが、なかなか切替えは簡単にはいかないようですので注意が必要です。また、直近の会議録や先例集なども配布されると思いますので、議会開会前には読んでおきたいものです。現在では多くの議会でインターネット配信を行っていますので、視聴することによってよりライブ感が分かるかもしれません。

　さらに、議員の身分を守るために、自分が失職してしまうような規定に抵触していないのかの確認は絶対に必要です。例えば兼職や兼業の禁止があります。特に注意すべきなのは、名前だけ貸していた法人が自治体と請負契約を結んでいて、兼業禁止違反の指摘を受けるケースです。自分が直接タッチしていなくても、取締役として名前が入っていたりすると言い逃れできません。身辺整理をしっかりとしましょう。

■ 公人になるということ

　議員は公人であるということについても覚悟をしましょう。顔写真はもちろんのこと、住所や電話番号、経歴まで公にすることになります。自分は相手のことを知らないけれど、相手は自分のことを知っているということもこれまでより多くなるかもしれません。普段から何気ない行動についても注意する必要があります。例えば「○○議員が地下通路に降りるための坂道を自転車に乗ったまま下って行って危ない」と住民から議会事務局にクレームが入ったことがあります。クレームを受けた議員は直前の議会で「地下通路に降りる坂道をすごいスピードで走っていく自転車がいて危ない。自転車は押して走行するよう、もっと注意喚起すべきだ！」と発言していました。議会

事務局にクレームをした住民がその発言を知っていたかどうかは不明ですが、議員の言行不一致は大きな問題になりかねませんのでご注意願います。

　住民は結構議会や議員のことを見ています。「赤信号を渡っていった」というレベルから、真偽はともかく「市の補助金が親族の会社に行くように不正をしている」などというレベルの話まで議会事務局には入ってきます。また市外に行くと、解放感からか緊張がゆるむこともあるかもしれませんが、そこでの振る舞いも何かが起きると「現職議員の〇〇」などとメディアで騒ぎ立てられるのが議員という職業の宿命です。

　議会外での行いについては、懲罰（議員からの発議に基づき委員会での審査を経て決定する）の対象にはなりませんが、社会通念上、許される範囲を超えた行いについてはマスコミや住民などから批判の声が上がり、辞職に追い込まれることもあります。むやみに警戒する必要はありませんが、痛くない腹を探られないように襟を正しましょう。

　この章では、議員になったらまず知っておきたい事項や疑問点を中心にQ＆Aを通して解説していきます。

1　1年間のスケジュール

いつからいつまでが「議員」の任期?

　自治体議会の議員の任期は地方自治法で4年と決められています。では、その任期の始まりはいつからなのでしょうか？　公職選挙法で、当選人として告示された日から議員としての身分は発生すると定められています。ただし、一般的に自治体議会の選挙は任期満了前に行われるため、原則として前任の議員の任期満了の日の翌日から議員となり、任期もその日から起算します。なお、何らかの事情で選挙後に前任の議員が1人もいなくなった場合は、議員が全ていなくなった日の翌日から議員となります。任期途中で欠員が出たときに行われる補欠選挙で当選した場合の任期は、前任者の残りの期間となります。

　前述のように自治体議員の任期は4年のため、4年が過ぎれば議員の身分は消失します。また、任期途中で議員の身分を失う場合は、辞職する場合がほとんどです。ただし、勝手に辞職することはできません。議会開会中は議会の、閉会中は議長の許可が必要です。ちなみに議員が次々と辞職し、自分しか議員が残っていない場合は、自分に対して辞表を提出することになります。余談になりますが、4年に一度の統一地方選挙の時期以外に選挙がある議会は、過去に議会の解散等があったことを示唆しています。調べてみるとその自治体議会の歴史が見えてくるかもしれません。

選挙直後のスケジュールは、普段とは違う？

　選挙直後は初めて議員になる方もいます。経験者ばかりであれば余計な前置きなしで、いきなり普段のサイクルで本会議を始めてもいいのでしょうが、新人議員は分からないことだらけですから、いろいろと事前準備が必要です。

　まず、初顔合わせがあり、そこで議会事務局から議会の基本的な説明があります。議員バッジが渡され、当面のスケジュールが説明され、議員報酬の振込先の手続などもします。各議員がどの会派に入るか（あるいは入らないか）なども決めなければいけません。

　一般的に会社や役所に入ると新人研修があります。新人議員はどうでしょうか。さすがに全く何もしない議会はほとんどないでしょうが、研修内容はまちまちです。自治体の主な事業を幹部職員が説明するところもあれば、議会運営の基本を説明するところもあります。ただ、いずれにしろ研修だけで全て把握できるわけもないので、そこは大変でしょうが、自分で意識して勉強するしかありません。その点、会派に入っていると先輩議員からいろいろ教えてもらえるという利点はあるようです。

議会の1年間のスケジュールは？

　行政のスケジュールは年度単位（4月〜翌年3月）ですが、議会のスケジュールは暦年単位（1月〜12月）で、予算審査が中心の第1回定例会を3月頃、決算審査が中心の第3回を9月頃、それらの合間の6月頃に第2回、12月頃に第4回と、計4回の定例会を開くのが一般的です。これら定例会がない時期に視察などを行います。通年議会でも1年中、本会議を開くわけではなく、定期的に会議を開く日を定めているので、スケジュールはあまり変

わりません。

　第1回定例会が予算議会として重視されるのは当然として、4月に人事異動がある自治体は、異動後初めての議会になる第2回定例会も要注意です。新たな部署に着任した管理職がきちんと引き継ぎをされていないと、議員側は過去に約束してもらった認識であることを新しい管理職が全く意識していないような事態も生じ得ます。念押ししてもいいかもしれません。

　ちなみに、新年の仕事始めや新年度4月初日には、首長や幹部職員が議長や各会派に挨拶に回る慣習がある自治体もあります。

定例会の一般的なスケジュールは？

　まず開会前である定例会初日の約1週間前に、定例会を開く期日や会期中の運営の仕方などを事前に協議するための会議を開きます。その後、全議員が出席する本会議が開会して定例会の会期が始まり、一般質問や議案の説明・付託（議案等の審査を委員会に委託すること）を何日間かで行うのが一般的です。一般質問を全議員が毎回行う議会や一定例会で一般質問をする議員数が決まっている議会では、本会議の日数に変動はほぼありませんが、定例会によって一般質問を行う人数が変わる議会は、人数が増えると本会議の日数も増えます。

　次に、委員会を開いて付託議案を審査します。複数の委員会を同時開催するか、別の日に開催するかは議会によって違うようです。同時開催した方が会期は短くて済みますが、首長などの特別職が全ての委員会には出席できなかったり、委員ではない議員が傍聴できなかったりします。一方、別の日に開催すると、それだけ日数が必要になって会期は長くなります。

　委員会での審査が終わると再度本会議を開き、採決して定例会は終わるのが一般的スケジュールです。例外的に、追加の議案が提出されて委員会を再

度開いたりすることもあります。

 本会議の終了時間は決まっている？

　本会議の時間は午後5時までと規則で定めているのが一般的です。ところが、時々、夜遅くまでやっている議会がニュースになったりします。午後5時までという決まりは絶対厳守ではなく、時間を延長する手続をとれば5時以降に延ばせるからです。公務員の仕事が午後5時までとはいっても、いつもその時間に帰っているわけではなく残業もあるのと同じです。

　会議時間を延長するには、その旨を議長が告げなければいけません。会議途中のうまい切れ目で議長が言えればいいのですが、一般質問などで議員が長々と話している合間に5時を迎えそうになると、やむを得ず、発言の途中に言うことになります。事務局としては、いいタイミングで延長の発言を入れられるように気をつけるのも仕事のうちです。そんなことに悩むなら早めに延長しておけばいいかというと、そうもいきません。延長しておきながら5時前に終わってしまったら、延長した意味がなくなります。そもそも会議時間を設定しないという方法もあるのかもしれません。是非はともかく、会議が効率的に進むように意識しておくことは必要でしょう。

2 議席番号、委員会決め

議席はどうやって決める?

　本会議場で座る場所は、議席番号順に若い番号の人が前列で、最後列にはいわゆるベテラン議員が座っていることが多いかと思います。では、議席ってどうやって決めているのでしょうか?

　改選後、初めての本会議において臨時議長が仮議席を指定し、臨時議長あるいは選出された議長が議席を指定するという流れが教科書的な説明です。実際には本会議前に会派代表者で話し合って決定している議会がほとんどだと思います。事務局的にも本会議までに氏名標を作成したり、ホームページの準備をしたりする必要があり、内々に決定しておいてくれた方がスムーズに準備が進むのでありがたいというのが本音です。ただ、どこの議会もそのようにしているわけではなく、例えば本会議当日にくじ引きで決定するという議会もあるようです。議席については「暗黙の了解」があり、首長が座る前にはいわゆる与党会派の議員が座り、議長席を挟んで反対側に野党会派の議員が座るのが通例です。首長の目の前に野党会派の議員がにらみを利かせる議場というのも面白いかもしれませんが、それはなかなか実現が難しいようです。

　結婚式の披露宴において、招待客の席次や挨拶の順番などで頭を悩ませた経験がある方はいると思いますが、議会では議席番号順で順番を決めることが可能ですので、議会事務局的には便利なものです。もちろん、全てが議席番号で片付けられるものではありませんが、これがないと何をするにも、毎回毎回、当選回数順にするのか年齢順も加味するのか、はたまた与党会派を

先にするのかなど、担当者は頭を悩ませることになります。

 ## 委員会や委員はどうやって決める？

　選挙が終わって新たな議員の顔ぶれが決まると、任期中の委員会をどのようなものにするか話し合います。主に各会派の代表者により話合いを行いますが、このメンバーに少数会派も入れるか代表者以外の議員も入れるかなどは議会によってまちまちです。常任委員会は首長部局や教育委員会などの執行機関の組織に合わせて決めることが多いのですが、福祉や建築・土木の部局は条例案などが多い一方、選挙管理委員会などは少ないという違いがあり、過去の付託議案などの分量も踏まえて区分けを決めます。一方、特別委員会は、「その自治体にとってタイムリーなテーマは何か」が重要です。改選前から変わらないテーマもあれば、新たなテーマもあり得ます。

　では、所属する委員は、どう選ぶのでしょうか。各委員会でどの会派が何人の委員を占め、委員長はどの会派から出すかという割り振りを事前に調整します。定数32の議会で常任委員会が4つあれば、各委員会の定数は8人ですが、ある委員会の委員8人が一会派のみの8人で占められたら議論になりません。満遍なく様々な会派の議員が入るようにバランスをとるわけです。結果として希望する委員会に入れなかった議員が、自分の意見を主張したい場合にどうするかは、「自分が所属していない委員会では発言できない？」（79頁）を参照してください。

　委員長の職は、議員であれば誰もが欲しい肩書でしょうが、通常、大会派で当選回数の多い議員に割り当てられるので、野党系の少数会派がなることは多くありません。ただ、委員長になると採決に参加できず、審査中も自ら質問や主張をしにくい立場になるため、あえて一委員として論戦を繰り広げるという選択をするベテラン議員もいます。

3 気をつけたいこと

議員になったら気をつけた方がいいことは？

　住民は、議員が想像する以上に議会や議員に対して厳しい目を向けているということは、認識しておいた方がいいかもしれません。「年に4回しか会議がないのに、いい給料をもらっている」、「議員の数が多すぎる」などの住民からの批判は、昨今よく報道されるところでもあります。議員というのは住民からは何をやっているのか分かりにくい存在であり(※)、また、いろいろな理由をつけては難癖をつけられる対象になりやすいといえます。

　以前、筆者が本会議の傍聴受付をしていたとき、傍聴席から出てきた1人の男性から「特定の議員しか発言していないんだな。ほとんどの議員は税金泥棒だよ」と言われたことがありました。「本日は一般質問の日ですので……」と説明をし、一応の理解をしていただけましたが、今度は「本会議がないときにも毎日議会に出勤するべきだろ」と、さらなる批判の展開が……。説明責任を果たしていないような議員も、中には確かにいるのかもしれませんが、「議員」というだけでひとくくりに批判の対象になってしまいがちであるというのが悲しいところです。

　予算提案権を持つ首長と違い、議員は選挙で掲げた公約をすぐに実現させようとすることは困難です。そのため、住民に活動や実績を訴えづらく、また住民もそれを知る機会がなかなかありません。議会改革の一環として根づきつつある議会報告会の開催や議会の映像配信は、このような状況を改善しようとする手段のひとつといえます。

　それから、自治体議員の仕事とは別な仕事を持っている方が気をつけるべ

きことは、地方自治法92条の2に規定されている、いわゆる「兼業の禁止」で、自治体議員がその自治体から請負をすることを禁止しています。詳しい説明はここでは省きますが、自分の自治体と取引がある個人又は法人の役員に名前を連ねている場合は、気をつけましょう。

なお、NPO法人についても、この規定は適用されます。よくあるのが、福祉関係のNPO法人に無報酬で役員になっていて、その法人が当該市町村からの仕事を多く請け負っているようなケースです。「自分は無報酬だから関係ない」と役員として名を連ねていることを忘れてしまっている議員も多いようですが、注意が必要です。判断に迷う場合は議会事務局にご相談されることをお勧めします。

(※) 有権者が地方議員に抱くイメージは、「何しているか不明」が56％で最多となっています。(「地方議会は有権者にどのように見られているのか？」早稲田大学マニフェスト研究所2014年調査参照)

自治体職員に対して何かを頼んだら、パワハラになる？

何かを頼んだら即パワハラということにはなりませんが、執行機関側との窓口は、課長相当職とするのがベターです。「市の施策について知りたいのですが、誰に聞いたらいいでしょうか」。当選直後の新人議員から、少し小さな声で聞かれたことがありました。基本的には課長級の職員が議員との窓口になる自治体が多いようですので、まず課長に連絡して、照会したい内容を伝えれば、おそらくは資料などを持って控室に説明に来てくれます。積極的な議員は、直接窓口に行って実務担当者を捕まえて聞くこともありますが、実は、これは執行機関側としては少し困ってしまうときがあります。それは、管理職がそのことを知らなかった場合、その後の議員からの問合せにスムー

ズな対応ができなくなるおそれがあるからです。議員と担当者との間のやりとりは、できれば管理職も一緒に聞いていた方が、その後の議会での質問時に的確な答弁が得られますし、お互いにとってメリットがあると思います。また職員によっては「議員からの問合せ」と聞いただけで必要以上に萎縮してしまい、純粋に市政について問い合わせただけなのに、何かを強要されたと誤解される可能性も否定できません。痛くもない腹を探られるのは避けたいですから、執行機関への照会事項については、できれば課長等の管理職を通じた方がお互いにいいのではないかと思います。

　また、他自治体の施策で知りたいことがあれば、自身の議会事務局に依頼しましょう。「○○市で実施している面白そうな施策があったので、○○市の△△課に直接電話して聞いたら、『次回からは議会事務局を通してくれ』って言われちゃってさあ」と、ある議員がぼやきながら調査の依頼をしに事務局に来たことがありました。

　議会事務局の仕事には「調査」というものがあります。調査担当者は県内でネットワークを持っていることが多く、お互いに議員の依頼を受けて調査したり、事務局で独自に調査を行い最新事例の収集に努めています。議員の依頼を受けると、担当者は県内各自治体あるいは対象の自治体に対し、調査照会をします。照会を受けた自治体の議会事務局はすみやかに回答するよう努めています。たまにすごくタイトなスケジュールで回答期限を切ってくることもありますが、「ああ、議員からの突然の照会ですぐの回答を迫られてしまったんだろうなあ」と照会する側の心情を理解しながら何とか対応することもあります。事務局職員同士は「お互い様」という意識が強いのです。

　ちなみに、「議会事務局を通してください」と言われた場合には、あまり意地を張らずに事務局を通した方が、庁内や関係者向けに作成した冊子などが余っていた場合に、特別に分けてもらえたりするので、いいことが多いと思います。他自治体とはいえ「議員」といわれると、必要以上に警戒したり態度を硬化させたりする可能性もありますので、ぜひ自分の議会の事務局を

活用しましょう。

 自治体職員とうまく付き合うコツは？

　テレビドラマなどに出てくる議員の、極端に誇張された悪人像のせいか、議員という存在には残念ながら強いマイナス・イメージがあり、それを前提に他人とコミュニケーションをしなければならないハンディがあるように思います。実際に議員と接して人間的な魅力も十分感じてきた立場から、あえていわせてもらえば、自治体職員の多くは、議員を、自分たちの仕事に文句をつけて邪魔ばかりする面倒くさい存在だと感じ、できれば避けたい相手として一般住民以上に恐れています。議会の場で質問責めにあう管理職は、定期的に訪れる身近な脅威として、また、ごくまれにしか接しない一般職員は得体の知れない未知の恐怖として……。ある自治体では、一般質問の答弁原稿を書き上げるためだけに担当職員らが夜遅くまで残業しています。必要な業務だとしても、歓迎する気にはなれないのも人情というものでしょう。

　議員が自治体を良くしたいと真剣に思っているように、職員もまた大なり小なりこだわりを持って仕事に取り組んでいます。意見の相違はあれ、互いに自治体のために働いている者同士であるという敬意を持って接することが必要です。最初から追及する姿勢ばかりでは、職員の態度まで硬化させてしまいます。一方的に批判されたら、立場上は我慢して黙って聞くとしても、内心では協力する気を完全に失ってしまうでしょう。政治的な事情だけでなく客観的に考えても議員側の言うとおりだと、職員に本心から思わせる根拠や理由をいかに示すことができるかが大切です。また、「ありがとう」や「おつかれさま」などのお礼の一言、再会したときに名前を呼んで声をかけることなど、一般の人付き合いで大切なことは職員に対してのコミュニケーションでも同じです。自治体の窓口や地域の現場で働いているときに「○○

さん、おつかれさま」などと議員から言ってもらえると職員も悪い気はしません。

ところで、議員の皆さんが接する職員は大抵、管理職でしょうが、管理職が現場を十分把握して代弁できているとは限りません。管理職の議会答弁を一般職員が聞いていて、「えっ？　そんなこと言っていいの？」と耳を疑うことも実はあります。議会答弁こそが責任ある者の公式見解ですが、末端の職員の認識や思いと異なることがあるようで、なかなか悩ましいところです。

ベテラン議員はトップ当選した議員より偉い？

選挙での得票数より、その選挙を何回勝ち抜いてきたかという当選回数が重視されるのが議会の慣習です。当選回数のことを「期数」といい、期数の多い"ベテラン議員"は様々な場面で尊重されます。紅白歌合戦で、ヒットチャート１位の人気アイドル歌手がベテラン演歌歌手をないがしろにしないのと少し似ています。

ベテラン議員は議長や委員長などの役職につける可能性が高くなります。「役職につけるのは○期以上の議員」という暗黙の条件のようなものがあり、新人議員が役職につくことはまずありません。この条件の「○期以上」が具体的に何期なのかは、個々の議会の議員の構成によって違います。役職の数よりもベテラン議員の数が少なければ、新人議員にも役職につくチャンスが案外早く訪れるかもしれません。

ところで、委員会には格の違いのようなものがあるのをご存じですか？一番重視されるのは常任委員会で、中でも企画・総務・建設関係の委員会が格上とみなされ、次が予算特別委員会、決算特別委員会、その他の特別委員会という順になることが多いようです。

そのほか、期数で扱いが変わるのが会議の席次などで、当然ながらベテラ

ン議員が上座につきます。席札が置かれてない会議などで空いている席を見つけて、「窓側が好き」とか「あの人の隣はイヤ」などという理由で間違った席に座ると、事務局職員や他の議員から「そこじゃない」とチクリと指摘されたりするので注意が必要です。また、開会時間を過ぎて堂々と会議室に入ってきたり、委員長に指名される前から平然と話し始めたりなど、ベテラン議員がやる分にはあまり周囲から文句をいわれないようなことであっても、新人議員がやると「非常識なヤツだ」とひんしゅくを買ってしまうこともあります。

議会では、期数は最も重視され、ベテラン中のベテランである長老議員ともなれば、その影響力はときに議長さえ上回ります。一方、選挙の得票数の多さで優遇されることはないため、トップ当選を果たした新人議員が偉そうにすると、たちまち痛い目を見ることになってしまいます。逆に新人議員として謙虚な振る舞いをしていれば、一見コワモテの長老議員が誰より心強い味方になってくれたりすることもあります。

年齢や政治的な姿勢などで周囲からの扱いが変わる？

当選回数も所属会派も同じ場合、年齢の高い議員が優先される傾向があります。ただ、年齢よりも当選回数や会派が優先するので、地域で経験を積み重ねてきた高齢の名士が満を持して立候補して議員になっても、議会においては"新人議員"であるということに変わりありません。それまでの経歴には敬意を表されながらも、自分より若い議員の方が尊重される場面に出くわすこともあるでしょう。

ここまで説明したように、議員の皆さんや事務局職員が何かと気をつけるのが、①当選回数、②所属会派、③年齢の3点です。宴会で誰が乾杯の発声

をするか、視察先で泊まるホテルの部屋割りはどうするか等々、ほとんどのケースでこの3点が序列を決める基準になります。

　これらのほか議会特有のものとして、政治的な姿勢による扱いの違いは無視できないところでしょう。議会に関する解説書には、「二元代表制において自治体議会に与党や野党があるのはおかしい」とよく書いてありますが、首長を支持する与党系議員と批判的な野党系議員は確かに存在していて、首長をはじめ執行機関の職員がそれを強く意識しているのも事実です。本来、公平公正な立場で接しなければいけないのは執行機関側も承知していますから、議員の権限の核心に関わる部分で不平等な扱いをすることは、まずありません。

　ただ、そうはいっても首長も職員も所詮は人間です。自分を褒めてくれる人と批判する人と、どっちに親切にしたくなるかはいうまでもないでしょう。聞いた話では、一律に議員の権限だとまで言い切れない部分で、与党系議員には流す情報を野党系議員には流さないということが起きたりもするようです。野党系議員でも執行機関を評価すべきときは評価しないと泥沼の全面戦争に陥りますし、与党系議員でも執行機関に意見すべきことは意見しないと癒着を疑われたりします。首長や職員とつかず離れずでいるバランス感覚が大事でしょう。そして、ベテランであっても新人であっても、きちんと政策等を勉強して、委員会や本会議で鋭い質問を繰り出す議員が、みんなから一目置かれるものです。

何をやっているのか分からないと言われないためには？

　「○○議員に会いたい」。事務局にいるとアポなしの住民が来庁されることがよくあります。しかし、定例会中以外は議会にほとんど顔を見せない議員

も多く、議員の在庁ランプが消えているのを見て「全然来ていないじゃないか。普段は何も仕事をしていないのだな」と批判される住民が結構います。毎日会派控室に朝から晩までいる議員の方がむしろ問題があるのではないかと個人的には思うのですが、そんなことは住民には分かりません。確かに議会閉会中の議員の仕事については分かりにくさもあり、またそれをきちんと情報公開していない議員が多いため、批判されてしまうのはある程度仕方がないことかもしれません。事務局の職員から見ても、普段の活動がよく分からない議員も結構います。

しかし、毎日の活動をブログ等で報告している議員によると、土日も関係なく、住民対応や自己研さんに取り組んでいることが分かります。こんなに一生懸命やっていても「議員」というひとくくりで無責任な批判を受けてしまうのは不幸なことです。ただ「議員が何をやっているのか分からない」という批判に対し、活動内容をきちんと説明できるのは議員自身しかいません。自身の後援会にのみニュースレターを配付するのではなく、インターネットを活用したり不特定多数の住民を対象とした報告会を開いたりするなど、自身の議員活動について情報公開を行うことも、今後の自治体議員としての責務ではないでしょうか。

住民から気軽に相談されるようにするには？

議会のホームページには各議員の連絡先が記載されており、住民は直接議員に連絡をとるのが通常と思っていたら、議員の連絡先を非公開としている議会がいまだ存在しているということを知り驚きました。議員は公人であり、住所や電話番号等の連絡先を公開するのが原則です。非公開だとそれこそ「何をやっているか分からない。請願を出したくても連絡や相談もできない」、「本当は他の市に住んでいるのではないか」といった批判に反論できません。

ただ、連絡先を公開していても「議員へのアポイントの方法が分からない」、「いきなり電話しても（家に行っても）いいの？」、「電話しても出てくれない（つながらない）」、「いきなり家に行くのは失礼ではないか」など住民からの相談を事務局が受けることはよくあります。

　一般の住民が議員に連絡するということは、実はかなりハードルが高いのです。連絡用メールアドレスを明記するとか、特定曜日・時間に会派控室に必ずいるようにして、それを公表するなど、住民が連絡・相談しやすいよう、多くのチャンネルを持てるようにする必要があるのではないでしょうか。

　なお、若い女性議員を中心に、ストーカー被害を避けるために連絡先を議会事務局にしたい、あるいは非公開にしたいとの申出があることがあります。特定の議員に対し議会事務局が恒常的に秘書的な業務を行うというのはいかがなものかと思いますが、少なくともただ非公開にして終わりということは避けるべきであり、連絡用の携帯電話を持ってもらうとか自宅以外の事務所を連絡先にするなど、何らかの手段で住民が連絡できるように検討しましょう。

Column
居眠りのプロ？

　議会中に居眠りする議員がクローズアップされることがあります。「高い報酬をもらっているのにけしからん」、「本当にうちの自治体のことを考えてくれているのか」などと非難の的となります。たしかに議会中に居眠りすることは有権者への裏切り行為ですし、いけないことであることは皆さんよく分かっていると思います。

　とはいえ、「自分が発言していないときの議会ほど眠くなることはない」というのも真実です。特に眠くなるのが他の議員の一般質問のようです。自分の発言が求められることはありませんし、じっとそのやりとりをただ座って聞いているわけで、だんだんと眠くなってくるのが人情というものです。中には「催眠術師か！」と思うほど、同僚の議員を次々と倒していく議員も存在します。一括質問で抑揚のない朗読を延々と行い、議場全体を眠気モードに誘います。答弁の予定がない管理職や、果ては議会事務局の職員までも巻き込まれることもあります。

　しかし、議会という中で居眠りをする方々の共通した特徴は、自分の出番になる直前に必ず目を覚まし、見事なまでの発言や答弁を行うことです。とても直前まで寝ていたとは思えないくらいの職人技。「寝てはいない。目をつぶっていただけ」なのでしょう。

　とはいえ、今は多くの議会でインターネット中継が行われているため、おちおち目をつぶって考え事もできないようになってしまい、名人芸を見られる場面がひとつ減ったなあ、と不謹慎ながら考えてしまいます。

第 2 章

初めての議会に臨む前に

1 議会	25
2 議長	31
3 議会事務局	38
4 会議原則	45
5 会派	50
6 先例・申し合わせ	56

議会は議員活動のメインステージ

　議員となって初めての議会は、定例会ではなく臨時会であることが多いのではないでしょうか。改選後には通常、議会の人事等を決めるための臨時会が開かれ、議席や議長、所属する委員会や特別委員会の設置などが決定されます。基本的には4年に1回だけ開催される特殊な議会であり、皆さんが想像するいわゆる「議会」とは趣が異なるかもしれません。そのため、臨時会を経て行われる定例会こそが本当の意味での「初めての議会」といえるでしょう。

■ 初めての議会の前に確認すべきこと

　さて、初めての議会を迎えるに当たり、どのような準備をすればよいのでしょうか。「100の議会があったら100通りの議会運営がある」などといわれるように、議会の運営の仕方は議会によって様々です。そのため、議員に当選してから初めての定例会を迎えるまでに、会議規則や明文化されている先例・申し合わせを理解するにはなかなか時間が足りません。また、明文化されていない議会のルールも存在しており、初めての議会で議会の権能をフルに使いこなすというのは難しいのが実情です。また、あまり先走りすぎて、議会内における手続や運営などルールを理解しないままに政策等を提案しても、その政策の方向性が正しいことであったとしても先輩議員からの反発を買うことは必至です。

　そのため初めての議会では、議会のルールを確認するとともに、首長の提出議案をしっかりと理解して賛否の意思を示すことが一番重要ではないでしょうか。また、賛成者が起立するのか反対者が起立するのか、あるいは電子投票システムを導入している場合には投票の手順はどうなっているのかな

ど、確認が必要です。投票ボタンの押し間違いも起きることがあり、議長が確定ボタンを押してしまうと投票行動は確定し、それが議会報に掲載されるなど公表されます。「押し間違えちゃった（笑）」では済まないこともあると思いますので気を付けましょう。

　また、一般質問は自治体全般について質問できるため、自らの政策をアピールするには絶好の機会なのですが、議会によって一般質問等ができる議員に定めがあるため確認が必要です。余談ですが、ほとんどの議員が一般質問する議会ですと、一般質問をしないことが逆に目立ってしまうことがあります。

　「『〇〇君、今回さぼったのかい』って言われちゃったよ」

　全ての議員が一般質問をするのが当たり前の議会で、一般質問をしなかった議員が議会事務局でぼやいていました。見ている人は結構見ているようです。議会によって多少の違いはありますが、一般質問の内容は名前と写真入りで議会報に掲載され、各家庭に配布されますから、短い時間でもいいので、できれば初めての議会から行うことをお勧めします。

■ 会派についての考え方

　会派については、選挙時からほぼ決めている場合はともかく、そうでない場合は当選してから会派を結成するかどうか考えることになります。会派を組むなら臨時会前に議会事務局に結成届を提出しておいた方が、与党系であれ野党系であれ、議会人事などで影響力をもつことができると思います。

　大きな会派に所属すれば、右も左も分からない状態であっても先輩議員が教えてくれるので、初めての定例会でも議員としての活動がそれなりにできると思います。一方、少数会派や１人会派であると、なかなか議会活動について教えてもらえるチャンスは少ないので苦労することもあるようです。ただ、本書でも触れていますが、いろいろと気にかけてくれる議員は、会派の枠を超えて接してくれるものです。自治体議会では会派としてのまとまりだ

けでなく、首長に対峙するという性格から議会としてのまとまりも必要です。そのため、会派を超えたコミュニケーションも大事にしたいものです。

しかし、少数会派に有利な仕組みやマニアックな仕組みを率先して教えてくれることはあまりないでしょう。例えば委員会での採決の際に少数意見だった場合でも、その場で「少数意見の留保」を行うことにより、本会議で委員長報告の次に意見を表明することができます。これは少数会派に有利な制度なので大会派の議員からは率先して教えてくれようとはしないでしょう。議会事務局主催の新人議員向け研修でもなかなか触れないと思います。ただ、議会事務局職員は基本的に「議員全員」の味方です。質問を頂ければきちんと回答しますし、その場で分からない場合でもすぐに調べて返答しますので、構えることなく接していただけたらと思います。

■ 映り方もぬかりなく

意外に重要なのは議会中継の映り方についてです。そのあたりのレクチャーをしない議会も多いと思いますが、カメラの映り方は大変重要です。事前にどのような角度でどこまで映るのか、きちんとチェックしておいてください。机上の原稿を顔を全く上げずに朗読して終わるのは最悪です。テレビのアナウンサーを参考にするのが一番ですので、原稿に目を落とすタイミング、姿勢、発声やスピードなども確認しましょう。また、他の議員が質問している際に、自分が映る範囲も確認しておいた方が無難です。映像は記録に残りますから、ぬかりなく準備をしましょう。

この章では議会活動に入る前に必ず押さえるべき内容について、Q＆Aを通して解説していきます。

1 議会

会期って何ですか？

　多くの自治体議会では、定例会は条例で年に4回と決められており、必要に応じて臨時会を開いています。そして定例会ごとに会期を定めることとなっており、開会日の冒頭で「会期は○○日間」と決定します。また、議会の招集は首長にしか認められておらず、議長には認められていません。ただし、臨時会については、議長等による招集請求に対し首長が招集しない場合、議長が招集することができます。

　これに対し「1年間ずっと開会中にしてしまえば、いつでも会議が再開できるよね」という考えのもと、基本的に1年中を会期とする通年の会期あるいは通年議会を採用する議会が増加しています。

　2012（平成24）年の地方自治法改正で創設された「通年の会期」という制度では、条例で定める日から翌年のその日の前日までを会期としています。首長の招集は改選時の1回のみとなり、4年間の任期中は議会独自の判断で会議を開くことが可能になります。また条例で定める定例会の回数を1回、会期を約1年とすることで、1年中議会を開会できるように運用する方法もあり、通年議会と呼ばれたりしています。この場合、毎年首長の招集が必要となります。

議会を通年開くことの長所と短所は？

「1年中が会期になれば、いつでも会議を開くことができるので、議会の権能の強化につながるな」、「1年中が会期になると、いつ会議が入るか分からないので議員活動に影響が出そうだな」。どちらの意見も正しいのですが、議員としてはいつ議会に招集されるか分からないので、今までよりも負担が増えることは明らかです。しかし、長所が多いと判断し、議会を通年で開くことができるようにする議会がじわじわと増加しています。

長所としては「議長の判断で議会を開ける（「首長が開いてくれない」という事態が避けられる）」、「専決処分がなくなる」、「継続審査を議決する必要がなくなり委員会の審査が充実する」などが挙げられます。短所としては「定例会以外の議会開会日が増加し、議員活動が制約を受ける」、「いつ招集されるか分からないため、生活の計画を立てづらい。また精神的な拘束を常に受ける」などが挙げられます。そのほか、導入には一事不再議の適用の原則や執行機関の事務量の増加、議会に出席する幹部職員の負担増などを整理する必要があります。首長と激しく対立するなどしていない議会では、導入を急ぐ理由が乏しいかもしれませんが、議会の権能強化につながることは確かです。

本会議には、絶対に出席しなければいけない？

本会議は、議員としての活動を最もアピールできる重要な場です。現在、ほとんどの自治体議会が定例会を年4回行っています。議員としての活動の根本は議会にあることに鑑みると、本会議を欠席することは議員活動の根本を否定することにもつながりかねませんので、全員出席することが基本です。

ただ、議員も人間ですので、体調によってはどうしても欠席せざるを得ない場合もあります。インフルエンザに罹患（りかん）したまま出席し、首長以下管理職が皆感染するような事態になってしまっては、自治体運営にまで支障を来してしまいます。なお、出産についても多くの議会では欠席理由が「事故」との扱いでしたが、2015（平成27）年5月に、「出産」を理由とした欠席理由が標準市議会会議規則（※）に加えられたことから、各議会で規則の改定が進んでいるものと思います。

　ところで、欠席ではなく、中座したい場合はどうすればいいでしょうか。学校で授業を受けていた頃を思い出してください。何らかの緊急事態になり、どうしても教室外に行かなければならなくなったとき、堂々と出ていくわけにはいきませんので、こっそりと教室を出ていきませんでしたか？　議会も同様で、静かに離席してその緊急の用を済ますことも可能です。さて、では議長や委員長が緊急の用で離席したくなった場合、どうするでしょうか。副議長や副委員長に急きょタッチしますか？　もちろんそれもありですが、議事進行の権限を握っていますので「暫時、休憩します」の一言を発し、そそくさと目的を達成する方法もありなのです。

（※）　標準市議会会議規則とは、全国市議会議長会が中心となって作成している標準的・一般的な会議規則の案です。法的な拘束力はありませんが、ほとんどの議会がこれを見本に会議規則を制定しています。ちなみに委員会条例や傍聴規則にも同様のものがあるほか、全国都道府県議会議長会や全国町村議会議長会が作成したものもあります。

議会で決められることは条例や予算だけなの？

　執行機関が進めていることを議員が事後に知って、「議会に相談もなく決めるのか！」と問題になったことはありませんか。議会で決めること、いわゆる「議決」をすることには大きく分けて2つあります。1つ目が、必ず議決をしなければならないことです（地方自治法96条1項）。代表的なものと

して、条例の制定・改廃、予算の決定、決算の認定などがあります。2つ目が、各自治体の判断で議決が必要と条例で定めることです（同条2項）。これらに含まれないものは、議決の必要なく執行機関の権限で行うことができます。

　各自治体の条例で定めている議決事項として多いのは、自治体の基本構想や基本計画、友好都市との協定などです。自治体によって違いますから、これらを議決事項としている議会もあれば、していない議会もあります。

　議決なしで首長が勝手に進めるなど納得できないと考えるのであれば、議会として条例で議決事項に加えればよいわけです。逆に、首長側の事情として後から議会に何か言われるのを避けるために、執行機関の方からあえて議決事項にするよう議会に求めてくる場合もあります。

　ちなみに、正式に議決することと定められていなければ、首長は何でも自由にできるかというと、そんなことはありません。「事前に議会に相談・報告を」と求められ、公式・非公式に説明して納得してもらえない限り、道義的・政治的に首長が勝手に進められない事例は多くあるようです。

議案とは関係ない内容の報告を求めることはできる？

　議会は議決機関ですから、議案に対し「Yes」なのか「No」なのかを決定することが大きな仕事であり、議員からの質疑は議案の範囲内で行われます。一般質問であれば、行政全体に関する事柄について議案等にしばられずに質問できますが、それ以外の場では無秩序に質問や資料の要求はできません。

　とはいえ、委員会では付託された議案の審査のほか、所管事項に対する執行機関からの報告を行っている議会が多く見られます。これは、議会に諮る法的根拠はないものの、社会的関心が高い内容や議会を無視して進めると今

後の議決時などに摩擦が生じそうな内容について、議員と情報を共有することで行政運営が円滑に進むように行っているものです。そのため、行政が行っていて注目されているような事項について、委員会での報告が少しでもないと烈火のごとく怒り出す議員がたまにいたりします。しかし、行政報告というのはあくまで行政側の自主的な判断（事前の議員からの要望を含む）で行っているものであり、いわばサービスです。行政報告の項目が多い自治体は議会を大切にしているといえるでしょう。あるいは議会を怖がっているともいえるかも……。

　裏を返すと、きちんと行政報告を行っている事業は突っ込まれても困ることがない事項です。積極的に報告されない事業こそ、議会にあまり触れられたくないものだったりするのかもしれません。

専決処分になるタイミングは？

　議会を開いて審議する時間的余裕がない場合、首長が専決処分をするという手続があります。首長に専決処分を濫用されると議会の存在意義がなくなってしまうので、あくまで例外的なものです。議会を招集し、本会議を開いて議決するまでには1週間程度の時間がかかります。それよりも短い期間内に議決しなければならない事情がある場合に、専決処分をすることになるわけです。専決処分がされる例として典型的なのは、国の税法改正に伴う条例改正です。法改正が年度末ギリギリになると、その直後に議案を提出・審議して年度末までに可決する時間の余裕がほとんどなく、専決処分をすることがあります。

　議決が必要な条例案などに限らず、本会議や委員会で報告するような案件なども、それを議会に知らせる時期が非常に重要です。執行機関によっては、自分たちに都合の悪い案件の報告や公表は、あえて所管の委員会や定例会の

会期が終わった後に行い、審議で追及されにくいようにしてしまいます。こんな議会対策に気づいて問題をあぶり出す質問を繰り出すのが、独自のアンテナを持った勘の鋭い議員です。

2 議長

議長の仕事って何ですか？

　地方自治法104条には「議長は、議場の秩序を保持し、議事を整理し、議会の事務を統理し、議会を代表する」と規定されています。実務的には、議長の主な仕事は、①本会議の進行、②議会内の調整、③各種行事への出席、だといえるでしょう。

　①本会議の進行は、いわば議長のメインステージ。本会議場で議事を進行し、ときに議員や傍聴者に注意したりします。何事もなければ法律や規則で決められているとおり淡々と進めるだけですが、いざトラブルが生じると大問題に発展しかねず最も重要な仕事です。

　②議会内の調整は、地方政治の真骨頂。本会議を適切に進めるためにどんな手続を踏んでいくか検討したり、会期外に発生した案件の処理を各会派と調整したり、あまり目立って見えてこないこんな仕事を、どうバランスよくスムーズに行うかで議会が存在意義を発揮できるかにつながっていきます。

　③各種行事への出席は、議会の代表として主要な行事に参加して挨拶をしたりすることです。おそらく住民が最も議長を目にする機会かもしれません。ところで、首長は執行機関の長として自ら決定・執行できますが、議長は合議体である議会の意思を自分だけでは決定できず、議事整理などの範囲を超えては同僚議員に命令もできません。皆のリーダーでありながら対等の仲間でもあるという存在です。単純な強制力ではない能力で、いかに個性あふれる議員の面々をまとめ上げていくかが議長の力量の見せどころです。

議長や副議長はどうやって決める？

「議長はどうやって決めているのでしょうか？」と聞くと、「選挙で決めているよ」、「うちは指名推選だ」、「実際は議場裏の個室……」など様々な声が返ってきます。意外と他の議会における議長の選出方法は事務局職員でも知らないもので、微妙な違いにびっくりするものです。

さて、議長の決め方はご存じのとおり、地方自治法103条により選挙によって決定することが規定されています。各議会による実務の差異はあるものの、法に沿って選出しているものと思います。実際には事前に候補者の調整を行った上で、地方自治法118条2項の規定により指名推選（あらかじめ指名された者を当選者とすること）で決定している議会が多いようです。

選挙を行う場合は、議場を封鎖して無記名により投票し、議長に指名された立会人が投票の確認を行った上で当選人が決定します。投票の結果、最多得票者が同数だった場合は、公職選挙法の定めによりくじで決定します。ちなみに、事前に候補者を調整していても、選挙を行っている議会もあります。候補者を調整しているので、記入される名前は正副議長候補それぞれ1人しかいないはずなのですが、直前の議会における候補者の言動に態度を硬化して野党系会派が急きょ違う名前を記入することもあります。また、なぜか1票だけ違う議員の名前が読み上げられて議場がざわつく中、「本来は俺がなるはずなんだ（笑）」と1票だけ得票した議員が叫んで議場が爆笑したなんて話もあります。年齢との兼ね合いで同じ会派の当選回数の少ない議員にポストを譲ったらしく、笑いをとりつつも自分が次期議長であるとの存在感をうまくアピールしていました。

誰でも議長になれる？

　自治体議会の議長というと、当選回数を重ねた議会の重鎮であるというイメージがあります。現に多くの議会では、当選回数の多いベテラン議員がその職についていることが多いと思います。

　地方自治法では、議長は議員の中から決めなければならないと定められており、議員以外の外部の有識者から議長を選ぶことはできません。しかし「議員の中から選ぶ」とあることから、当選したばかりの新人議員でも議長になることはできます。2011（平成23）年に名古屋市会で当選1回目の議員が議長に就任したことは、記憶に新しいのではないでしょうか。とはいえ、議長とはリーダーシップや調整力が求められるポストでもあり、現実的に新人議員が職務を行うのはかなり厳しいものであると考えます。

　実態としては、議会の会派構成によって、どの会派の議員が議長になるかはおのずと決まってくるようです。最大会派から常に議長を出すところもあれば、多くの所属議員を擁する複数の会派が4年の任期内に持回りで議長を出すところもあります。普通は少数会派から議長を出そうとしても、選挙で負けてしまいますから実現は困難です。

　では、議長を出す会派内で誰を議長とするか、どう決めているのでしょうか。主に当選回数や年齢が基準となっているようです。議員同士の関係は得票数でなく当選回数などで決まるので、トップ当選の若手議員が最大会派にいても、その議員が議長になることはまずありません。議長には、議会運営に関する知識や経験、バランスある調整能力などが求められます。ただ、議長というのはお飾りの名誉職ではなく、自治体の重要事項の決定を左右する大切な仕事ですから、当選回数や年齢が上だからといって誰でも議長になるわけでもありません。

臨時議長って何ですか？

　改選後初めての議会では議長が選出されておらず、議事を進行することができません。そこで、地方自治法107条で出席議員のうち一番の年長者を臨時の議長とすることが定められており、臨時議長の下で議長を選出することとなります。

　ちなみに、年長者の生年月日が同じだった場合はどうするのでしょうか？実際に北海道江別市議会ではそのような事態が生じ、くじにより臨時議長を決定しました。年長議員が大変奥ゆかしい方であっても、会議に出席している以上は就任を拒否することはできません。年長者の議員が必ずしもベテラン議員というわけではないため、議会事務局長が臨時議長の名前を読み上げたときに議場からどよめきが起きることがあるのは「議会あるある」かもしれません。

　なお、改選後初めての議会が行われるまでは議長ポストが空白になります。その間に議会を代表して何らかの行事等に出席する必要が生じた場合どうするのでしょうか？議会によって対応は様々なようです。申し合わせや先例で、年長議員や前議長が出席するように定めている議会が多いのではないかと思います。また「その間の行事は議会代表が存在しないので出席しない」としている議会も存在しているようですが、危機管理の観点からも、必要な場合に誰が出席するかを決めておいた方がよいかと思います。

本会議場では、用意されている次第を読めばいいの？

　本会議場で一段高い場所にある議長席に座り、厳かに会議を進行していくのが、多くの人がイメージする議長の姿でしょう。大抵手元の紙（議長や委

員長が発言する内容をあらかじめ書いたもの。次第といいます）を読んでいるように見えますし、実際、その次第をきちんと準備するのが議会事務局の仕事です。議会の約束事を守り政治的配慮もした言葉遣いを事前に職員が検討し、議長と相談の上で次第をつくります。本会議当日に議長は用意された次第を淡々と読んでいくのが基本です。

ただ、「次第を読む」としても、「読むだけ」が議長の仕事ではありません。「読むだけ」なら、滑舌のいい美声の持ち主を連れてきた方が安上がりです。アナウンサーがニュース原稿を読むだけの存在ではないのと同様に、議長も本会議という重要な場で起こり得る様々な事態を考えつつ次第を読む存在です。次第はあくまで予測でつくったものでしかないので、想定外のことは、その場で対処しなければなりません。一般質問で通告と違う質問をしたり、答弁が漏れたり、他の議員や傍聴者が騒いだり、いろいろなことがあります。事務局もそのたびに議長に声をかけたり、緊急対応用の次第を渡したりしますが、臨機応変な対応をするのには議長が待ちの姿勢だけではうまくいきません。優れた議長は、眠気を催しそうな本会議でも決して注意を怠らず、いざというときに議会事務局も舌を巻くような見事な議事進行をしてみせてくれるものです。

ちなみに、議会を舞台にした古い映画「スミス都へ行く」では、主人公の議員の言動によって紛糾する本会議を冷静に仕切る議長が登場します。こんな映画が約80年前につくられてアカデミー賞にノミネートされているとは、さすが議会政治の国アメリカです。

議長は採決に参加できない？

議長は公平に会議を仕切るのが役目ですから、採決には参加できません。議長が一方の意見を支持すると公平な議会運営が疑われるからです。ただ、

賛否が同数で、どちらかに決める必要がある場合は議長が決めます。公平であるように、議会によっては、議長は委員会に入らないとか会派から離脱するなどと決めていたりします。ただ、意地悪な言い方をすれば、委員会や会派に入らなければ、絶対にひいきできないかというと、そうでもありません。大会派出身の議長が多いこともあってか、少数会派の議員が差別されたと議長に抗議したという話も聞きます。それが本当に差別かはともかく、あらぬ疑いを持たれないように注意することは必要でしょう。

ところで、議長は採決に参加できないので、議会広報などでよく見かける各議員の賛否の一覧に賛否が表示されません。事情を知っている人はともかく、知らない人からすると議長を務めている議員の考えが分からず、もやもやすることもあるのではないでしょうか。議長を4年間務めれば、議会によっては本会議でも委員会でも質問せず賛否も表明しないで議員の任期が終わってしまいます。これで有権者に一議員として評価されるのは困るのでは、と思うのは筆者だけでしょうか。そのためか、議長を辞任して一議員に戻った議員の方が「やっと自由に発言できるよ」と喜ぶ、などということもあるようです。

議長を辞めさせるには？

ほとんどの議会では最大会派あるいは与党会派から議長を選出しており、議長に対する不満が表面化することはありません。しかし、様々な理由により、議長の交代を求める声が多数となる場合があります。そうなった場合よく耳にするのが「議長不信任決議案」の提出ですが、ご存じのとおり決議とは議会としての意思表明であり、法的な拘束力はありません。そのため、決議が可決されても議長はこれに従う義務はなく、そのまま継続して議長職についていることもあります。

つまり、議長職は本人が辞職する以外に辞めさせる手段はなく、どうしても辞めさせたい場合は議会における懲罰として除名処分をするか、有権者の署名を集めて解職するなどして、議員職を失わせる以外に方法はありません。これは副議長も同様です。

しかし、議長を辞めさせたいがために議員の身分を除名により剥奪してしまうことは、議会の裁量権の範囲を超えたものとして知事の審決などにより除名処分が取り消される可能性があります。そのため、多くの場合、不信任決議のほかに辞職勧告決議なども出しながら並行して本人が辞職するよう説得します。また、議会の招集に応じないという強硬手段をとり、議長に辞職を迫る方法もありますが、住民の反発を招くおそれもあるので注意が必要です。

副議長の仕事って何ですか？

議長は議会の代表ですが、副議長はどんな立場でしょうか。市長と副市長、社長と副社長などと同じようなイメージを持つかもしれませんが、副議長は、あくまで議長が事情により議長の仕事ができないときに代行する人で、それ以外のときは他の議員と同じです。議長が病気やトイレで本会議の進行ができないときに、副議長が代わって議長の仕事をします。つまり、議長がその場にいるときには、法律上は副議長の役割はありません。

しかし、実際はいつでも副議長が議長と代われるように、議長が関わる様々な情報を副議長も共有するようにしているものです。情報共有を徹底するために議会運営の決裁を議長だけでなく副議長にも見てもらう議会もあります。ただ、議長と違い、ほぼ毎日登庁が必要なわけではないためか、副議長室があってもあまり使われていないところも多いようです。

3 議会事務局

議会事務局って何ですか?

　議会事務局は議会や議員の活動を補佐する役割を担い、主に「議事運営」「庶務」「調査」の3部門に分かれています。東京都議会のように100人を超える事務局職員が在籍しているところもあれば、事務局長と事務職員の2人しかいないところもあります。「議事運営」部門は本会議や委員会などの会議の運営を、「庶務」部門は議長公務の調整など秘書的な仕事や議員報酬の支払いなどを行っており、比較的何をやっているか分かりやすいかと思います。「調査」部門は議員の政策立案や調査研究の補佐を行い、議員提出条例の調整なども行っています。議会での議員活動の補佐をしますので、何なりとご相談いただけたらと思います。

議会事務局の職員って執行機関側のスパイなの?

　議会独自で採用を行っているわけではないので、職員は異動により執行機関側から議会事務局へ来ているのが実情です。そのため「議会事務局という外局へ出されてしまった」という意識の下、早く執行機関側に帰りたいと願う職員の存在も否定できません。議会事務局にいるのに、議会のバッジではなく執行機関側のバッジをしている職員がいるという話を耳にしたことがあります。そのような職員が何とか執行機関側に戻りたいと、執行機関の意向に沿うような動き、スパイのような動きを見せる可能性はあります。特に事

務局長がそのような気質であると、事務局全体がそういった動きになってしまう可能性は否定できません。

しかし、そんな職員ばかりではありません。議会事務局での仕事にやりがいを感じて、執行機関側と緊張感を持った距離感を保ちながら議会や議員のために仕事を遂行する職員も多くいます。そういった職員は見ていれば分かると思いますので、うまく見つけ、そして使い、議員活動を実りのあるものにしていただければと思います。

議会事務局は議員の秘書のようなもの？

議会事務局は議会全体に関わる仕事を行い、秘書のように一議員の活動まではサポートしません。議長の挨拶文の確認はしますが、議長が個人的に参加する会合の挨拶文をつくることはありません。議員からの依頼は、議案を検討するための調査や政務活動費の取扱いについての相談なら事務局の仕事ですが、議員個人の市政報告会やプライベートな買物は仕事ではありません。

ところで、事務局は議会の裏方です。議会は議員が主役で、事務局が議員を差し置いて口を出すことは控えるのが基本的姿勢ですが、職員も執行機関で多様な経験を積んできた行政のプロですから、何の考えもないわけではなく、それを胸にしまって議員からの求めに謙虚に応えようとしています。そんな職員は、筆者が所属する「議会事務局実務研究会」の仲間のように自主的に勉強を重ねていることもあるでしょう。一歩踏み込んで職員に声をかけてみると、議員とは違う立場の議会人としての鋭い指摘や先進的提案が聞けるかもしれません。ただ、その程度は職員によって違います。職員の知識や意識、個性を見極めて、うまく議会事務局を使ってみてください。

議会を開いていない会期外は何をしている？

　議員の皆さんと同じく議会事務局も、本会議や委員会がないときは暇だろうと思われがちです。最も忙しいのが会期中なのは確かですが、会期外でも多くの仕事があります。

　会期前であれば、想定される案件を洗い出し、それに伴う議会運営上の課題を把握して対応方法を検討することが必要です。法令に違反しないようにするのはもちろん、その自治体議会特有の慣習なども踏まえた対応をしっかり考えておかないと、事後に問題となることもあり得るので気が抜けません。会議録検索システムでは分からない昔の事例を調べるために、すっかり変色した古い紙の会議録をひたすらめくるという歴史家気分を筆者は何度も味わってきました。

　会期を終えた後であれば、議会ホームページの更新や、議会報、本会議録、委員会記録の作成などを行います。これらは地味な作業ですが、正確、公平なものになるように神経を使う一方、時間をかけすぎてもいけないので結構大変です。

　このほか、請願・陳情の受付、今後の視察先の候補となる場所の調査、他の自治体からの視察の受入れ対応、議員や他の自治体議会から依頼された調査の対応、議員報酬や政務活動費の支払い、議長の日程調整や挨拶文の確認、議場や議会図書室の管理などをしています。

政策条例案を提出したいけれど、どこまで議会事務局でつくってくれる？

　条例案の作成は、事務局によって温度差が最も大きい業務のひとつではな

いでしょうか。「条例案はそのまま議案として出せるような体裁にまで議員自らが仕上げて、議会事務局に提出するものだ」というスタンスの職員が多勢を占める議会もあれば、「議員とのヒアリングを重ねて議員の意図をくみ取りながら事務局で条例案を調製していくものだ」という積極的な議会もあります。この差は一体どこから生まれてくるのでしょうか。キーワードのひとつとして「距離感」が挙げられると思います。本来、議会と議会事務局は同じ目標に向かった車の両輪と例えられ、事務局職員は議員の議会活動に対し寄り添いながら補佐する機能が求められています。しかし、現実には「この仕事は議員自身がすべきこと」「事務局職員が手を出す範疇を超えている」といった縦割り意識が多かれ少なかれ存在しているようです。もちろん政治的な判断に手を出さないという意識は正しいのですが、そうでない部分にまで壁をつくってしまい、結果として車の両輪なのにお互いのタイヤが見えなくなってしまっては、議会の機能不全につながります。

　全国で初めて議会基本条例を制定し、議会改革のパイオニア的議会である北海道栗山町議会など世間で評判のいい議会は、議員と事務局との距離感が絶妙で信頼関係ができ上がっており、お互いを高め合う風土が根づいているように感じます。とはいえ政策条例案の立案作業は調査担当者として最も困難な業務のひとつであり、またほとんどの議会事務局ではマンパワーが全く足りていないという課題もあります。そのあたりの状況を勘案しつつ、条例案は2～3日で完成するものではないことを理解いただいた上で、事務局担当職員と話を詰めながら条例案の立案作業を進めていただけたらと思います。

地区の会合で使う挨拶文は書いてくれる？

　議会事務局が議長の挨拶文の確認をしていることを知った議員から、こんな頼みごとをされることがあります。しかし、議会活動ではない"議員の活

動"に対するサポートは、議会事務局の職務の範囲を超え、特定の相手への利益供与とみなされてしまうためできません。議長の挨拶文の確認は議会活動の範囲で行っていますが、議会活動ではない部分については議長であっても事務局ではサポートできないのです。頼まれると断るのは心苦しいのですが、ご理解ください。また、断れずに受けている職員がいるかもしれませんが、上記の事情を勘案し、議員の側から配慮していただけると幸いです。

議員の名前や顔が分からない職員なんて、いないよね？

　議会事務局長などの管理職ではさすがにいませんが、議会事務局に異動してきて間もない職員にとって議員全員の名前と顔を一致させるのは至難のわざといえるかもしれません。というのも、執行機関の一般職員が議会を意識する機会は少なく、「定例会」などの議会用語もあまり知りません。執行機関の職員が知っているのは担当業務で関わった議員の方くらいです。

　筆者が議会事務局に配属されたとき、最初に上司に命じられたのは「議員の名前と顔を覚えること」でした。改選時に発行された議員の顔写真と名前が載った議会報と毎日にらめっこをし、事務室に議員が現れるたび、先輩職員から「あの人は誰？」とテストされました。電話をかけてきた議員が名乗らずに話し始め、「名前を聞かなければ。でも、聞いたら怒られそう」とハラハラしたものです。議員が自ら名乗ってくれたり名前を聞いても不機嫌にならずに教えてくれたりするとホッとしました。それが事務局で長年働いているうちに、背後に迫ってくる香りと足音だけで「あっ、○○議員が来た」と分かってしまったときには、自分が少し怖くなりました（笑）。

議会事務局の職員にどのように接すればいい？

　議会事務局には執行機関の職員が一時的に配属されることから、与党系・多数会派の議員に優しく、野党系・少数会派の議員に冷たいと思われがちです。全ての職員の内心を一律に判断はできませんが、そんな差別意識を持つ職員はほとんどいません。ただ、事務局長レベルの管理職は首長に近い位置にいるためか、執行機関寄りになりがちな人もいるようです。

　住民や議員同士の間でも、「いい人だな」と思われるかどうかは、政治姿勢よりもむしろ人間性によるのではないでしょうか。仕事を頼まれるときに「上から目線」で「やって当然」という態度をとられたり、話しかけたらぞんざいな対応をされたりすれば、誰であろうと悪い印象を持ちます。一方、丁寧な態度で接してくれると、多少難しい仕事でも「頑張ってみよう」という気持ちになるものです。会議に遅刻して悪びれるようすもなく悠然と現れたり、締切りを破っても何ともない顔をしていたりするのはNG。議員という立場上、職員が面と向かって文句を言うことはないかもしれませんが、好感は得られないでしょう。

　余談ですが、「職場は議会事務局」だと言うと、他の人から「議員の相手って大変でしょう。どんな感じ？」などと質問されます。テレビ局に勤めていると芸能人の裏話を期待されるようなものでしょうか。良識ある職員は当たり障りないことしか言いませんが、様々な職員がいます。変な暴露話が流れないよう、気をつけておくに越したことはありません。

議会事務局の職員に餞別やお土産をあげてもいい？

　人事異動で議会事務局職員の一部も入れ替わります。去っていく職員に餞別をあげたい、送別会をしてあげたいと思う議員の方もいるかもしれません。会派等での視察先で職員にお土産を買っていこうと思ってくれる方もいます。公務員倫理を厳格に追求すれば、安いまんじゅう1個でも受け取ってはいけないかもしれませんが、社会常識としてまんじゅう1個を職員への利益供与と非難するのは考えすぎのような気もします。ただ、各自治体で職員に課す制限は異なり、ある自治体は1,000円以上の品物を受け取ったときは報告書を提出する決まりだそうです。

　餞別や土産が一律にダメではないとしても、あげて当然・もらって当然ということも絶対にありません。高価なブランド品や金一封は、どんな感謝の気持ちであっても論外。ただの友達だと思っていた人からダイヤの指輪をプレゼントされたら、うれしいどころか気持ち悪いのと似たようなものです。言葉だけで気持ちを伝えるのが無難でしょう。

　ところで、異動で事務局を出た後、庁舎内などで議員の側から笑顔で名前を呼んでもらえるとうれしかったりします。逆に、職員の側から挨拶しても生返事で済まされると、数年間の事務局での仕事は何だったのかと悲しくなるのも人情。出ていった事務局職員は、その後、執行機関で活躍するだろう職員です。筆者が最初に議会事務局に配属されたときに一緒に働いた上司や先輩の約7割が、その後、出世しました。せっかくできた人脈は大事にした方が結果的に議員の皆さんにとっても得かもしれません。

4 会議原則

会議原則って、そもそも何ですか？

　自治体議会についての共通の決まりごととされているものです。多くは地方自治法や会議規則に定められていますが、規定がなくても守るべきとされているものもあります。そんな会議原則の主なものは、次のとおりです。

①議事公開の原則（本会議は公開し、その内容を明らかにするという原則）

②定足数の原則（会議を開いて議決するのに必要な最小限の出席議員数についての原則）

③議員平等の原則（議員は1人ひとりが完全に平等で対等であるという原則）

④過半数議決の原則（可否の採決は半数より多い数で決めるという原則）

⑤一事不再議の原則（一度議決した案件は同じ会期中は再び議題にできないという原則）

⑥現状維持の原則（採決で可否同数のときは現状を維持する方向に決定すべきという原則）

⑦会期不継続の原則（会期中に議決しなかった案件は次の会期に継続しないという原則）

　このほかにも、討論1人1回の原則、可とする方を諮る原則、議案不可分の原則などがあります。会議原則とひとくくりにいっても、その中身や拘束力はそれぞれで異なります。

第2章　初めての議会に臨む前に

本会議や委員会の途中に席から離れてはダメ？（定足数の原則）

　議員定数の半数以上が出席しなければ会議は開けません（地方自治法113条）。最初に半数以上出席していても、途中で席を離れる議員が続出して半数を切れば会議は続けられなくなります。やむを得ない理由で席を離れることがあるとしても、授業中に先生が「トイレに行きたくなったら手を挙げて」と言った途端、生徒の半数以上が手を挙げたら、さすがに先生も怒るでしょう。本会議は出席人数が多いので定足数を下回ることはあまりありませんが、注意が必要なのは委員会です。ちょっとした用事で席を離れる議員が重なると、一瞬、定足数を下回ることも起こり得ます。こんなことがないよう、議会事務局の職員は議員の皆さんの離席を常にチェックしているものです。特に採決のタイミングには注意してください。採決の際に定足数を下回っていたら、その議決は無効になってしまいます。定足数の問題がなかったとしても、自身の立場を明らかにできません。そろそろ採決に入りそうなときには、席を離れないようにしましょう。

採決で可否同数の際、議長や委員長は自由に決められる？（現状維持の原則）

　採決で可否同数となって結論が出ないとき、議長や委員長は可否のどちらにするか決める権限（裁決権）を持っています（地方自治法116条）。こんなとき、今までの状態を続ける方を選ぶべき、つまり、否決すべきだというのが「現状維持の原則」です。ただし、この原則は地方自治法や一般的な会議規則には定められておらず、原則に反しても違法ではありません。議長や委

員長は多数会派に属し、多数会派はほとんどの議案に可決を表明することが多いので、議長や委員長が多数会派寄りに可決で判断したくなるのも人情でしょう。それは違法ではありませんが、「現状維持の原則」には反します。

可否同数という結果は、「可決」という、現状からの変更を受け入れられる態勢が整っていないということです。それなら反対を押し切って進めるよりも、今までどおりが無難という、お役所っぽい考え方の原則かもしれません。是非はともかく、この原則がありながら可決とする場合、議長や委員長は公正さを疑われかねないので、情勢を慎重に考慮して結論を出すことをお勧めします。

議決はやり直せる？（一事不再議の原則）

ひとつの案件についての議決を、その会期のうちにできるのは1回だけです。これは前述の「現状維持の原則」と違い、規定の有無にかかわらず守るべきとされています。1回は可決したけれど、後から考え直したら否決の方がいい気がしてきたので、みんなで議決をやり直すということはできません。同じことを何度も繰り返し審議して議決するのは非効率で意味が乏しく、議決自体の重みもなくなってしまうからです。ただ、議決後に状況が変化したり隠されていた事実が発覚したりすれば、前提条件が崩れるので、「事情変更」があったものとして再度、議決できます。そのため、通年議会を導入したからといって、年1回しか議案を提出・議決できなくなるわけではありません。

一方、単に自分の勉強不足で重要な情報を見逃したまま議決したとしても、それは自己責任なので再度の議決はできません。まして、「本当は否決のつもりだったのに、うっかり間違えて可決で起立しちゃった」としても訂正はできないので、これから採決に入るのが、どの議案で、自分はどんな立場か、きちんと理解して間違わないようにしましょう。

議案や請願・陳情に結論を出さないと、どうなる？（会期不継続の原則）

　議案や請願・陳情はその会期のうちに結論を出すものですが、仮に議決しなければ、どうなるでしょうか。審議未了、廃案となり、次の会期で取り上げられることはありません（地方自治法119条）。このため、住民からの請願・陳情のうち、「採択はできないけれど、不採択にすると角が立つので悩むようなもの」は、政治的事情から、採択も不採択もせず審議未了で済ませることがあります。専門的には「否決・不採択」と「廃案」は違いますが、提出した側から見れば、結局、自分の希望が通らないのは同じです。むしろ「廃案」は各議員が明確に自分の立場を示さないまま終わるので、一層もやもやとした感じを残すともいえます。

　どうしても会期中に結論が出せない場合に、継続審査の手続をしたもののみ次の会期でも取り上げるという例外的な取扱いがあります。ただ、これも毎回、継続審査で引き延ばした挙げ句、議員の任期満了で審議未了、廃案となれば、結論を出さないのは同じです。

討論で発言した後、次の発言者に反論するのはダメ？（討論1人1回の原則）

　本会議で議案に対する賛否の意見を述べる討論の発言を自分が終えた後、次に演壇に立った逆の立場の議員の発言の中身に反論したくなったことはありませんか。一般的イメージで、「討論」は「議論を何度もやりとりして戦わせるディベートのようなもの」と考えると、反論できて当然だと思うかもしれません。

ところが、議会の常識は違います。討論での発言は、反対でも賛成でも1人1回しかできません。これは法律にも標準市議会会議規則にも規定されていませんが、当然のこととされています。反論を認めると、際限がなくなって冷静な議論ができなくなってしまうというのが理由です。このため、1人1回しか発言できないことを理解した上で、自身の発言のときに言いたいことは漏れなく言い尽くすしかありません。どうしても反論したい議員は、絶妙な間でヤジを飛ばしたりします。ただ、これは不規則発言で、本来やってはいけない行為なので、お勧めはできません。

2つの委員会にまたがりそうな議案は、どうする？
（議案不可分の原則）

　案件によっては、福祉でもあり教育でもあるというように、所管が2つの委員会にまたがりそうなものがあります。首長提出議案なら所管部署がどこかによって、おのずと付託する委員会も決まりますが、議員提出議案や請願・陳情の場合、そうはいきません。

　大前提として議案は分割付託できないという「議案不可分の原則」があり、無理矢理でもどこかひとつの委員会に付託することになります。一部の自治体議会では、この原則とは異なり分割付託をしているところもあるようですが、これは原則とは異なる取扱いです。さて、A委員会とB委員会にまたがりそうな案件をA委員会に付託すると決めた場合でも、B委員会としては、A委員会と合同で調査・審査するため、標準市議会会議規則103条に規定されている「連合審査会」という方法が使えます。ただ、これだと議論するメンバーが倍に増えてしまいますし、どちらの委員会を「主たる委員会」と位置付けるかなどの手続上の問題もあってか、実際はあまり活用されていないようです。

第2章 初めての議会に臨む前に

5 会派

大きな会派に入っていないと損？

　まず、会派について説明しましょう。会派とは、「議会の中で似た考えの議員が集まってつくるグループ」です。政党とほぼ同じ名前の会派もあれば、政党としては存在しない会派もあります。広い意味では議員2人以上がグループをつくれば「会派」といえますが、よく使われる意味では、議会内で大事な話合いをする非公式な会議の正式メンバーになれるグループを「会派」と呼んでいることが多いようです。何人以上の議員がいれば「会派」として認めるかは、それぞれの議会によってまちまちです。

　さてご質問に戻りますと、会派に入っていないと、希望する委員会に入りにくくなります。議員の皆さんはそれぞれ得意分野の委員会に入りたいでしょうが、なかなか希望どおりにはいきません。小学校などで○○委員を決めるときと同じで、ひとつの委員に「ボク、やりたい」、「ワタシも」と人気が集中することがあるからです。そこで普通は、会派の人数比と委員会内の各会派の委員の人数比がほぼ一致するように割り振ります。つまり、全議員の3割を最大会派が占めていれば、まず各委員会の委員数の3割ずつが最大会派に割り振られるわけです。そうやって各会派に割り振られた後の残りの枠が、会派に入ってない議員に回ってきます。

　また、大きな会派には議会の役職なども優先して配分されますし、控室の面積も広くなります。本会議や委員会での発言順序も先になることが多いようです。会議の席は上座に近い側にまとめられるので、ベテラン議員でも小さな会派であれば席次は後になったりします。ただ、会派ごとに座るのは、

序列の問題よりも採決の際にどの会派が立ったか分かりやすくするというのが主な理由です。さらに、議員としての活動に非常に影響するのが、大きな会派に入っていれば仲間の議員が多くて情報が入りやすく、議会での発言力も増すことから、総じて首長からの対応が丁寧になる傾向があることでしょう。そのため、当初は会派に入っていなかった議員が、任期の途中から大きな会派に入ったりすることがあります。

これまで会派に入ることのメリットばかり書いてきましたが、他方、会派に入っていると様々な対応を会派として行うことになるので、自分ひとりの考えでは発言や行動がしにくくなるデメリットもあるようです。無理矢理例えるなら、ポール・マッカートニーやジョン・レノンが、ビートルズとして4人でバンドを組んでいるのが得かソロでやっていくのが得かといったことかもしれません。実際に全国の自治体議会を見てみると、会派に入らず1人で活躍している議員も多くいらっしゃいます。

言いたいことを言わせてもらえないってホント？（少数会派）

　発言時間制をとっている議会の一部では、会派の人数を基準に発言時間の長さを決めています。会派の人数に〇分間を乗じた時間が1会派当たりの持ち時間とされるので、少数会派の持ち時間は短くなり、発言の背景や根拠を詳しく話せなかったり、答弁に納得できなくても議論を中断せざるを得なくなったりして不完全燃焼に終わることも。ただ、大会派は持ち時間が長くても、所属人数で割れば結局は少数会派の議員1人当たりの時間と変わりません。同じ会派の議員が持ち時間を自分に譲ってくれるか、自分が譲ることになるかは力関係などに左右されます。「時間がない」のは、どの議員も同じです。簡単な事実確認や本題に無関係な話は避け、核心の議論に集中して時

間を有効に使いましょう。傍聴者が辟易（へきえき）する演説より、簡潔な追及の方が執行機関の曖昧な答弁を際立たせて得だと考えてみてはどうでしょう。ちなみに、大会派は発言内容や表決態度を拘束される面もあり、少数会派の方が独自性を出しやすいというメリットもあります。

　ところで、議長や委員長の議事進行の態度が少数会派にだけ厳しく、言いたいことを言わせてもらえない議会もあるようです。同じ発言でも、議長の出身会派などの大会派の議員は注意せず、少数会派の議員の発言は制止したりします。議長や委員長は公平中立に議事を進行しなければならないので許されないことですが、議員も人の子、根絶は困難です。少数会派だと誰もがそんな憂き目にあうわけでもなく、議員の個性で扱われ方も変わります。嫌われ者になりすぎて無駄な争いにエネルギーを費やすのではなく、有意義に活躍できるよう立ち回るのも、少数会派のサバイバル術として大事かもしれません。

議会のノウハウやマナーを教えてもらえないってホント？（少数会派）

　どこの世界にも、その世界特有の文化や流儀があるものです。法律や申し合わせに明文化されたものもあれば、暗黙の了解事項とされている不文律や暗黙知もあります。自治体議会の世界にもあるそんなノウハウやマナーは、大会派の若手議員なら多くの先輩議員から指導してもらえますが、少数会派の若手議員は、同級生も上級生もいない超小規模校の生徒のようなもので、教えてくれる人があまりいません。学校の先生は、授業をしてくれても、先生の弱みや試験のヤマ、果ては授業のサボり方を教えてはくれません。学校生活をサバイバルするのに、多くの子どもは先輩や友達との関係を頼りにします。自治体議会も同じで、少数会派の議員は「教えてもらえない」という

より「教えてくれる人が身近にいない」という方が正確かもしれません。

ただ、議会事務局も、公式な情報や暗黙のマナー程度はもちろん教えますし、中には裏技を教える職員もいるようです。その情報の量や質は、それぞれの議会の雰囲気や職員の姿勢等によって異なります。また、大会派の議員だからといって少数会派に嫌がらせするということはありません。異なる考え方の議員でも、先輩・同僚として気にかけてくれる人もいます。

執行機関から情報がもらえないってホント？（少数会派）

ほとんどの自治体では、予算案や重要案件を議会へ正式に提案・報告をする前に、首長や幹部職員が主な会派に説明して回ります。いわゆる根回しです。時代劇の悪代官と〇〇屋の一場面みたいに密室でよからぬ相談をしているわけではありません。いきなり正式提案をしたら議会が紛糾して本質的議論ができないので、早めに情報を提供するわけです。この説明を少数会派にも同様に事前に行うかは首長の姿勢に左右され、一概にはいえません。全ての会派に情報提供しようと考える首長もいれば、選挙で応援してくれず予算案にも賛成してくれない議員に教える義理はないと徹底的に区別する首長もいます。

情報がもらえなければ、どうするか。時折、野党系議員などが烈火のごとく怒るように、「聞いていない！」ときちんと不満を伝えることです。後でこじれるより情報を提供した方が得だと思ってもらえなければ、提供は期待できません。例えば、議員が知った情報を首長に教えたところ、首長がそれを議員を不利にするためだけに使ったとしたら、教えなければよかったと思いませんか。一定の礼儀を示して評価しつつ、言うべきことは言う。そんな大人の対応が必要です。それでもダメなら？　諦めて、ほかから情報を仕入

れましょう。大会派の議員にも少数会派に情報を流してくれる人がいたりしますし、職員は時々、口を滑らせます（笑えない話ですが）。プレスリリースだけ使った御用記事ばかりの新聞では面白くないように、執行機関からではない独自の情報を駆使してこそ議員の真価は発揮されるものです。

幹事長会のような会議のメンバーになれないってホント？（少数会派）

　自治体議会の様々な手続は、非公式の幹事長会のような場で、まず説明を受けたり協議したりすることが多いようです。執行機関による説明だけでなく、議会に提出された陳情の取扱い、議員提出議案や申し合わせの見直しなども、このような場で話し合われます。幹事長会や代表者会などの名前のそんな会議は、各会派のリーダーが集まる会議です。その場合の「会派」に少数会派は含まれないことが往々にしてあります。広義の「会派」は2人以上なら「会派」で、議会用語としては、会派に所属しない1人だけの議員を「1人会派」ともいいます。

　しかし、狭義のいわゆる「交渉会派」は各議会の内規で「〇人以上」と決められていることがあり、「2人以上」なら1人会派を除いて幹事長会のメンバーになれますが、「5人以上」なら4人の会派はメンバーになれません。そうなると、幹事長会での説明や議論の中身は聞けなくなります。メンバー外の議員は、後日、議会事務局から幹事長会の資料や議論の中身を説明してもらうしかありません。ただ、これは前述の首長による区別と違い、議会として幹事長会のメンバー資格を決めているので、少数会派もメンバーにしてもらえるように議長などに訴えることはできます。それが難しければ、次善の策としてオブザーバー出席を認めてもらう方法もあるでしょう。「幹事長会で発言できなくてもいいから、出席だけ認めてくれ」ということです。実

際、ある議会では、こんな交渉がされて少数会派にオブザーバー出席が認められました。中には、オブザーバーでありながら誰より発言するツワモノ議員もいたりするようです。

6 先例・申し合わせ

申し合わせや先例って、そもそも何ですか？

　地方自治法などの法律、会議規則や委員会条例などの規則・条例が、自治体議会が守るべきルールであるのはいうまでもありません。しかし、議会の現場では、「申し合わせで決めている」とか「先例でこうなっている」という発言を聞くことも多いかと思います。議会で行われる全てを法律や条例で決められるわけではないので、それらを補完するものとして申し合わせや先例があるのです。これらを理解していないと議会の実務は分かりません。

　申し合わせとは、法律や条例で決められた手順とは別に、自治体議会の関係者間の合意で決められる内部のルールです。ある議会では、選挙を終えて新しい議員の顔ぶれが決まると、前の期での申し合わせの内容を確認し、それを基本にしつつ、必要に応じて一部を変更していました。先例は、「以前に行われていた例」であり、過去に議会でどんな取扱いをしてきたかというケースのことをいいます。一般にいう「前例」とほぼ同じです。

申し合わせや先例の具体的な内容には、どんなものがある？

　申し合わせは、各議会が独自に決めるものですから、内容はまちまちです。ある議会が申し合わせで決めている内容を、別の議会は会議規則で決めていることもあります。先例は、過去の事実の蓄積ですから、極端にいえば今ま

で議会で行われてきた全てが先例です。申し合わせに基づいて過去に行われてきたことも先例です。このため、申し合わせや先例の具体的内容を、明確に線引きして説明はできませんが、イメージしやすいように、例を挙げてみましょう。

・一般質問の発言通告書の提出日時はいつまでとするか
・予算や決算の審査は特別委員会で行うか
・委員会による視察は○泊以内で行うか

これらのように、議員任期4年間のうち何度も起こり得る出来事についての申し合わせや先例は、多くの議員や事務局職員も把握しているものです。一方、議員が戸籍名以外の通称を使いたい場合に認めるか、請願が取り下げられた場合にどうするか、などのまれにしか起こらないことについての申し合わせや先例は、あまり知られていません。そんな事態が生じて初めて調べ、その存在に気づいたりします。

申し合わせは、どうやって決める？

申し合わせは前述のとおり議会内部の決まりごとですから、関係者が集まって決めます。いわゆる幹事長会のような会議で議論して決めるのが通常です。その内容によって、執行機関の首長や幹部職員も議論に加わるかなどが変わってきます。ちなみに、先例はあくまで事実そのものなので、誰かがあらかじめ決めるものではありません。過去に行われたことが先例であり、これから行うことが将来に先例とされます。

さて、決められた内容は当然ながら議会内で周知するものです。しかし、申し合わせを決める会議に参加していなかった議員は、どんな経緯で決まって、どんな内容なのか、理解しきれていないこともあります。そのため、知らずに行ったことが、後になって「申し合わせに反する」と非難されること

になるかもしれません。先例を全て把握して対応することなど、どんな生き字引でも不可能ですが、申し合わせは議会内の合意で決めていることですから、あらかじめ知っておくことができます。今期の申し合わせがどんな内容なのか不安がある方は、事務局に聞いて、しっかり把握しておくことが重要です。

昔の先例に拘束されるなんて、そんな前例踏襲はおかしくない？

お役所仕事の代名詞のように使われる前例踏襲という言葉は、マイナスのイメージがあります。しかしながら、議会でもその他の何にでもいえることですが、前例自体が悪ではなく、目の前の事態に何の考えもなく前例を当てはめようとすることが悪いのです。例えば宴会の店を選ぶときに、「以前の宴会で好評だった店をまた選ぶ」のは、単純に考えた前例踏襲になります。「前回はお酒の種類の多さが好評だったから、同じようにお酒の種類の多い他の店にする」のは、前例の中身のうち踏襲する必要があるポイントを理解した上での選択です。「前回は座敷席の店だったけれど、今回は参加者に高齢者がいるから椅子席の店に変更する」のは、状況が異なる点を考慮して前例を適用しない判断だといえます。議会の先例もそのようなものです。

過去の事例と今回の事態を比べたときに、どこが共通していて、どこが異なるのか、それらを把握した上で、「理由があって前からしているから、これからもそうしよう」と判断すべきかどうか考えることになります。単純にいってしまえば、今回「も」守る理由がある先例であれば拘束され、今回「は」守る理由がない先例であれば別の判断をするのが正しい対処の仕方です。

6　先例・申し合わせ

申し合わせや先例を守らないとどうなる？取扱いを変えてはダメ？

　申し合わせも先例も、法律や条例ではないので、「守らないと違法」とまではいえません。ただ、申し合わせは、議会内で合意して決めているはずですから、先例より拘束力は強いと考えた方がいいでしょう。理由があって申し合わせを決め、先例も存在するわけですから、あえて守らなかったとすれば混乱が生じることも十分にあり得ます。

　どうしても従来の申し合わせや先例を適用するのに納得できないときは、あらかじめ議会内で提起し、きちんと議論すべきです。前述のように、今回の事態が申し合わせや先例を適用する必要がないケースだと判断されれば、違う取扱いができることになります。場合によっては、申し合わせを改正することになるかもしれません。これらは議長を中心に幹事長会などで協議するものでしょうから、取扱いを変えたければ議長や幹事長に相談するのが筋です。それではハードルが高いので、もう少し前段階で感触を確かめたければ、事務局に相談しましょう。

申し合わせや先例は、あらかじめ見られる？

　申し合わせは議会で話し合って合意した内容を文章化しているはずですから、もし手元になくても、事務局に頼めば必ず見られるはずです。他方先例は、数十年の議会の歴史の全てをあらかじめ把握して見られるようにしておくことは不可能に近いかと思います。実務上は、あらかじめ典型的な先例や重要な先例を選び出して、先例集として記録しておくことが多いようです。

　各議会の実態としては、おそらく3つあります。①議会内で公式に先例集

を作成・共有している場合、②事務局内の職員レベルで先例集を作成・共有しているが、公式な決定・共有まではしていない場合、③先例集は作成せずに関係者の記憶やケースごとの調査に頼っている場合、です。①や②のように先例集が整備されていれば理屈としては見られるはずですが、②の場合はあくまで事務的な資料なので公開するかは各事務局の判断によります。③の場合は、そもそも先例集が存在しないので、見ることは不可能です。

　ところで、先例集にない先例は、どう調べると思いますか。過去数十年の会議録を事務局職員がアナログにひたすらめくって、先例があるか探すのです。ウンザリする作業を乗り越え、探していたケースに当てはまる先例を発見できたときは、ちょっと興奮します。そんなふうに感じてしまうのは、筆者のようなマニアックな職員だけかもしれませんが。

Column

職員との飲み会

　皆さんは議会事務局の職員を飲みに誘ったことはありますか？　委員会の視察時や会議に出席などした帰りに一緒にいた議会事務局職員と飲みに行くことはあるかもしれませんが、関係ないときに飲みに誘ったりすることは許されるのでしょうか？　筆者のいた議会ではこういった話はあまりありませんでしたが、他の議会の話を聞くと結構あるようです。

　当人同士の関係にもよりますが、一般的には議員は職務上優位にある立場であり職員側は断りづらいことを鑑みると、誘い方によってはパワーハラスメントと捉えられる可能性があることには注意した方がよいでしょう。

　とはいえ、たまたま飲み屋で議員と職員がばったり出会って、そのまま一緒に飲むということはあり得ます。後日職場で「〇〇議員と会っちゃって↘」と言われるか、「〇〇議員と会って、そのまま飲んじゃった↗」と言われるかは、議員のキャラクター次第かもしれません。ところで、そこに同じ自治体の職員が一緒にいたりすると、議会事務局の職員と違って議員への免疫がありませんので「え？議員？」とものすごく引いてしまうと思いますので要注意です。本文中にもありますが、執行機関の職員は議員という存在に対し必要以上にアレルギーを持っていることがあり、ハードルが勝手に上がっていますので、ご注意ください。

　なお、事務局職員は議員に対して高い中立性を求められる立場です。特定の会派の色がついてしまうことは職務上よろしくないことですので、そのあたりの心配りはしていただければと思います。

第3章

議会の開会中

1 一般質問 …………………………… 68
2 委員会 ……………………………… 75
3 予算・決算の審査 ………………… 83
4 請願・陳情 ………………………… 99
5 意見書・決議 …………………… 104
6 公聴会・参考人 ………………… 109
7 傍聴 ……………………………… 114
8 議会中継 ………………………… 120
9 100条委員会 …………………… 123

いざ本番に臨むに当たって

　ここまで、議員に当選し、初めての議会に臨む前の準備までを解説してきました。さあ、遂に本番。議会が開会します。

　ところで、「議会」という場で「議員」がすることといって、皆さんがイメージするのは何でしょう。

　おそらく国会中継などのニュース映像で見るような、演壇に立って力強く質問などをしている姿か、可否を決める採決のために何人もの議員が一斉に起立している姿ではないでしょうか。中には、紛糾して議長や委員長に猛然と詰め寄る議員たちの乱闘寸前のような光景を思い浮かべる方もいるかもしれません。

　それでは、いざ本番の議会が始まったら、どう質問して、どう採決に臨み、紛糾したらどう対応すればいいか分かりますか？　何となく質問して、何となく起立して、時々、勢いにまかせて乱闘じみたことをすればいいのでしょうか。当然ながら違います。もしもそんな議員がいたら、十分に役割を果たせず住民から非難の的になるでしょう。

■ 言い続けるだけじゃない「効果的な質問」とは

　議会では質問ひとつとっても、やり方が決まっています。学校の授業であれば、先生がしゃべっている途中にいきなり手を挙げて「今のところ分かりませーん」などと質問しても何も不自然ではありませんが、議会ではルール違反です。質問する内容も聞きたいことを何でも聞けるかというと、そうでもありません。時と場合によって、聞ける内容や聞き方のルールがあって、そんな議会特有の決まりごとを理解していないと本質と関係なく非難されるおそれがあります。

もちろんルールさえ守っていれば安心というわけでもありません。それでは、大きなミスだけしないように難しいことには一切手を出さず、事なかれ主義で言い訳だけして定年まで乗り切ろうとする困った役人のようになってしまいます。

　議員の価値は、議会でどんな発言ができて、どんな議論ができるか、それによって自治体行政にどんな影響が与えられるかで決まってくるといってもいいでしょう。それに、せっかく選挙という厳しい試練を乗り越えて当選しても、数ある議員仲間の中で埋没することなく任期4年間のうちに自分なりの実績をつくらないと、結局は何もできなかったと思われて次の選挙で「ただの人」に戻ってしまうかもしれません。

　つまり、いかに議会の開会中に「いい仕事」ができるかが大事です。

　「待機児童を減らしたい」、「まちを活性化したい」、「災害の不安を減らしたい」などなど、議員にはそれぞれ目指していることがあり、それを首長に実現させようとします。では、「待機児童を減らして。とにかく待機児童を減らして。お願いだから待機児童を減らして」と単純にしつこく言い続ければ、首長は動いてくれるでしょうか。「おっしゃるとおりです。市としてもできるだけのことをしていきます」という答弁が返ってきたら、その先はどうしますか。ただただ自分の要求だけを繰り返しても、政策は実現できません。老練な答弁でけむに巻かれるのがオチです。

■ 質問だけじゃない「議員の仕事」

　さらに、議会で果たさねばならないのは自分の主張だけではありません。首長が提案してきた条例案や予算案をチェックして可否を決める重要な役目があります。採決のための起立に際して、「難しくてよく分からないけど、みんな立ってるから立っておこう」などというノリでは、ライブ会場やスポーツ観戦ならともかく、議会では無責任なだけです。そんな事態に陥らないために、議案についてしっかり勉強して、課題を見抜けることが必要にな

ります。決断を求められる条例案は会議ごとに数十件に及び、自治体の予算案や決算書は数百ページにわたって小さな文字と数字が書かれているものです。議員はそれらを理解し、問題点を見つけ出して首長の考えをただし、議決の可否を決めなければなりません。「反対とまでは言えないけれど、全面的に賛成する気にもなれない」とか「どうしても賛否が決められない」場合は、どう対応すればいいか理解しておく必要もあります。

　また、質問と採決さえできれば、議会をこなしていけるかというと、それだけでは足りません。議会で主に審議の対象となるものとして、条例や予算・決算のほかに、請願・陳情、意見書・決議などもあります。請願と陳情の違い、意見書と決議の違いは分かりますか。住民団体などが「請願の紹介議員になってほしい」と言って議員のもとに来ることがあります。その意味を十分に理解して紹介議員を引き受けるのは議員として何ら問題ない行為です。しかし、目の前の住民たちに気を使うあまり後先考えずに引き受けたら、それは無責任となってしまいます。議会は混乱しますし、頼んだ住民団体の側にも迷惑がかかるかもしれません。

■ 議会は「見られています・聞かれています」

　ところで、議会の開会中は、議員の皆さんたちの発言を聞いている傍聴者がいて、最近ではインターネットなどを通じた議会中継を傍聴して議会で行われていることを注視している人々もいます。傍聴席や議会中継では、議会がどのように見えているのか想像してみてください。内輪だけの会議であれば、多少の失言・失態もその場限りのことで済ませられるかもしれません。ところが、議会は原則として公開されていて、一度発した言葉は真意がどうあれ傍聴者の耳に直接入り、さらに今の時代は瞬く間にインターネット上で国内外に広く伝わってしまいます。つい不用意に口を滑らせたら、どうなってしまうのでしょうか。そんなことも心に留めておきましょう。

　議会の開会中とは、スポーツ選手にとっての試合中と同じです。ルールを

理解し、目指すゴールに向けて技を駆使し、自分らしい戦い方をしなければ満足できる結果は得られません。ここで活躍できてこそ議員になった意味があるといえるでしょう。

　この章では、開会中に抱くであろう悩みや疑問を中心にQ＆Aを通して解説していきます。

1 一般質問

一般質問って、そもそも何ですか？

　質問は議員に認められた最も重要な権限であり、所属する自治体の行政全般にわたり質問することが認められています。標準市議会会議規則62条を見ると、「議員は、市の一般事務について、議長の許可を得て質問することができる」との規定があります。注意すべきことはあくまで「市の一般事務」についての質問であり、自衛隊に関する憲法判断や国の原子力政策についてなど「市の一般事務」と関係のないことは基本的には質問できません。

　また、質問は執行機関に対して行うものであり、議長や議員に対し質問をすることはできません。そのため、質問内容が曖昧で何を聞いているのか分からない場合でも、質問している議員に対して質問することはできないのです。このような場合、往々にして「何言ってるのか分からないよ！」とか「ちゃんと質問してよ」などというヤジが飛び交うことになってしまいがちですが、本来であれば議長に対し質問の意図を明確にするよう議事進行上の発言を行うことが正解でしょう。

質問するテーマで気をつけた方がいいことは？

　まず、世間で取り上げられているタイムリーな話題は大事である一方、誰もが同じ質問をしがちなので自分らしさが出せないおそれもあります。いかに自分なりの主張をするか、他の議員が引き出せない答弁を引き出すかが腕

の見せどころです。

　また、自身の支持者から「こんなことを言われた」と紹介する質問は、住民の声を代表する自治体議員として当然のことかもしれませんが、自治体には多くの住民がいることを忘れないでください。なぜ、その1人の声が大事なのか説明できなければ、説得力は弱くなります。ちなみに、勢い余ってその支持者の氏名などの個人情報を話してしまうと、逆に自分が責任を問われかねませんので、くれぐれも注意してください。

　そのほか、個別具体的な事業の是非や詳細を質問するだけでなく、所管を横断し、全体を俯瞰するような大所高所の視点からの質問もしたいところです。縦割りで近視眼的になりがちな執行機関の思考とは異なる切り口で、スケールの大きい、遠い将来も見据えた議論をするのも議会に求められていることではないでしょうか。

「質問」と「質疑」は何が違う？

　本会議や委員会を聞いていると「『質疑』なのに『質問』してるなあ」と思うことがあります。さて、この嘆きの意味が分かりますか？

　「質疑」とは、会議において議題となっている案件・議案等に対し、疑問点を明らかにしたり見解をただしたりするものです。よって質疑において、議題を超える内容や自分の意見を述べたりすることはできません。これに対し、「質問」とは、議案とは関係なく所属する自治体の行政全般を対象に、執行機関側に対し疑問点や自分の意見を述べるものです。

　しかし、実際の会議では、議案に対する質疑なのに自分の意見を長々と述べるなど、明らかに質疑の枠を超えているのではないかと思われるやりとりがよく見られます。議題に対する理解が深まるものであればともかく、明らかに関係ない「質問」は控えなければなりません。

一般質問はしなくてはいけない？

　「私の所属する議会では、申し合わせで一般質問ができないとしている議長と議会選出の監査委員以外の議員は、全員が一般質問をしています。私は今回の議会では一般質問をしないつもりなのですが、大丈夫でしょうか」。こんな疑問をお寄せいただいたことがあります。ほぼ全議員が一般質問をしている議会では、一般質問をすることが当然という空気になっており、しないことが考えられないという雰囲気になりがちです。そのため、一般質問とは当然行うものであり、おおげさにいえば一般質問をしない議員は自分の仕事を全うしていない議員であると捉えている議員も少なからずいるようです。もちろん一般質問は「しなくてはいけないもの」ではありませんので、堂々としていればよいのです。とはいえ、このような議会においては、住民からすると「質問をしていない議員＝仕事をしていない議員」と映りかねません。実際に住民から「○○議員は議会で全然質問していないが、ちゃんと仕事をしているのか？」と電話を受けたこともあります。電話されてきた方は議会報を見て電話してきたのですが、一般質問以外にも議員には様々な仕事があるというこちらの説明を、どこまで納得いただけたのかなと今でも思います。

　さて、一般質問は議員の晴れ舞台などともいわれます。本会議の中で与えられた時間をどのように使うかは自由であり、そこで執行機関側に対する自由な質問や意見の表明ができるのです。選挙時に公約として掲げた内容を質問したことが議会報に掲載されたりすることにより、有権者へのアピールにもなることから、毎回ほぼ全ての議員が一般質問を行っている議会もあります。しかし、一般質問はあくまで「できる」ものであり強制力はありません。「しない」という選択肢もあるのです。

事前に執行機関側と調整したくないのですが？

「○○議員の一般質問は質問・答弁ともに執行機関側の人間が作成し、当日、学芸会よろしく朗読劇をしている」といったうわさを聞いたことはありませんか。真偽のほどが定かかどうかはここでは突き詰めませんが、一般質問をするために内容を通告すると、多くの自治体では執行機関側の職員が質問の主旨を確認するために議会を訪れると思います。

「まるで事前調整だ。裏でこんなことはしたくない、本会議場で丁々発止のやりとりをしようじゃないか」との思いを持たれている議員もいるかもしれません。しかし、これを行わないと答弁する執行機関側は十分な資料の準備ができないため、質問する議員にとっても当日満足する答弁を引き出せないことがあります。「その件については資料が手元にありませんので答弁できません」とか「少々お待ちください」の連続では、とても能率的な議会運営とはいえません。そのため、ある程度の事前の調整はお互いにとってメリットのあることともいえるのではないでしょうか。

なお、慣例として質問原稿を事前に提出している議会もあると思います。どうしても事前に出したくない場合、特別な定めがない限り、これに強制力はありません。

通告書は細かく書く必要がある？

一般質問を行う場合には、事前に質問通告書を議長に提出する必要があります。通告書の内容に基づき議長が発言を許可しますので、通告書に記載していない事項については原則として質問することができません。通告書の内容を超えて質問する議員もいますが、執行機関側としては答弁する義務はあ

りません。ただ、多くの議会では通告書にない質問でも、答弁をする努力は見せます（議長が止めなければ）。しかし「その質問は通告されていませんので答弁いたしません」とばっさりと切ってしまう議会も実際にあります。

さて通告書ですが、よく見かけるのが「1．○○について　2．△△について　3．××について」という「〜について」というものです。しかし、質問通告書とは何を質問するのか答弁する側が理解できるような要旨を記述する必要があります。それなりに詳細に具体的な記述をしなくてはなりません。「どうせ後で課長と打ち合わせするからこちらの意図は伝わるから大丈夫」という気持ちも理解できますが、本来は通告書の意味を理解し自分の首を絞めない程度に詳細に作成すべきです。

時間制をとっている議会では、質問時間が少なくなってしまい通告した内容全てを質問できないことがよくあります。あくまで通告なので実際に質問しなくても問題はありませんが、その通告に対する答弁もされないことになります。ちなみに、時間がなくて質問しなかったのに、答弁側が用意した原稿をそのまま読んでしまったため、妙なことになってしまったなどという笑い話もあります。

一般質問の答弁に納得できないときは、どうすればいい？

真剣な熱意を持って質問したのに、それに対する首長の答弁がけむに巻くような感じで納得できないこともあるかと思います。中には、わざとかミスか、長々と答弁を聞かされてはみたものの肝心の答えが漏れているなどということも。普通の会話であれば、「それじゃ答えになってない！」と気軽にツッコミを入れられますが、議会には特有の決まりがあります。

1人の議員がひとつの議題について再び質問する、いわゆるツッコミが入

れる回数は制限されているのです（標準市議会会議規則56条）。多くの議会で、この回数制限は２回や３回としていて、これは一般質問に限らず議案に対する質疑なども同じように決められています。つまり、まず１回目の質問をして、その答弁に納得できないときは、２回目の質問又は３回目の質問まではできても、それ以上はできないということです。それでは足りないと思う方もいるかもしれませんが、一議員の主張に首長が完全にイエスと言うまで質問できるとなるとエンドレスになってしまいます。

再質問の答弁にも納得できないときは、後日の委員会での議論に持ち越すことが多いようです。ちなみに、そこまできっちりとしたやりとりまでは求めないにしても、納得していないことだけは伝えたい場合に、答弁の途中や終了後に絶妙のヤジを飛ばす議員もいます。

一般質問のときに議会事務局職員がよく頼まれることは？

一般質問が議員にとっての華であることは間違いありません。そのため、議会事務局職員はこんなことを頼まれることが多いです。

① 質問している姿をカメラで撮影してほしい

　　後援会報やホームページで使用するために、撮影の依頼はどこの議会でもあるようです。議会によって運用は様々で、一切行えない議会もあれば、普通に行っている議会もあるようです。ただ、議会事務局職員が議員個人の利用目的のために写真撮影をすることは、公務員としての服務を考えると難しいと思います。議長に撮影の許可を得た上で同僚議員に撮影してもらうか、議会報に掲載するために議会事務局職員が撮影した一般質問中の写真があるならばそれをもらうのもひとつの手です。

② 議事録を早めにもらえないか

後援会報や会派の広報などに掲載するために、正式な会議録ができる前に議事録が欲しいという要望もよくあります。正式な会議録だと数か月かかってしまいますが、いわゆるゲラ刷りであれば数日から数週間で手に入るため、正式な会議録ではないことや責任の所在を自身とすることを明示することを条件に渡している議会も多いと思います。議会事務局職員にお問合せいただければと思います。

2　委員会

委員会は設置しなければいけない？

　自治体議会では、委員会を設置せず本会議のみとすることもできます。地方自治法109条1項では「条例で、常任委員会、議会運営委員会及び特別委員会を置くことができる」と規定しており、あくまで「できる」ものですから、「しなければならない」わけではありません。

　では、なぜ、ほとんどの自治体議会が委員会を設置しているのでしょうか。それは、本会議だけでは不便だからでしょう。本会議だけで議案などを審議するとなると、出席議員数は委員会に比べて3倍から4倍以上になります。「三人寄れば文殊の知恵」とはいいますが、議論するメンバーが20人、30人ともなると「船頭多くして船山に登る」感が強くなり、収拾がつきません。また、複数の委員会を同時に開催して効率的に議論を進めるようなこともできなくなります。

　ところで、予算・決算議案を審査する委員会は全議員が参加することとしている自治体議会もあり、それなら本会議と何が違うのかと思う方もおられるかもしれません。その理由としては、本会議と委員会では議事運営の決まりごとが違い、例えば発言通告制を厳格に適用する傾向にある本会議で委員会のように質疑応答をするのはとても不自由だからということが挙げられます。このような理由から、全議員参加の委員会は設置されています。

常任委員会と特別委員会は、何が違う？

　常任委員会は、自治体の事務について調査し、条例案や請願・陳情を審査するため、常に設置しておく委員会です（地方自治法109条2項）。多くの場合、執行機関の組織（局、部など）に応じて委員会の所管事項は決められています。もっとも、そうしなければならないという制約はなく、理屈上は別の区分けでも構いません。

　特別委員会は、議決で付託された特定の案件を調査・審査するため、それに必要な期間内のみ設置するものです（地方自治法109条4項）。代表的なものとして、予算・決算議案のほか、再開発や防災など複数の常任委員会の所管事項にまたがる案件や自治体が抱えている重要案件が挙げられます。

　つまり、大きな違いは、常設か一時的な設置かということです。常任委員会は常設ですから、条例案などの議決を終えても、あるいは議員が4年の任期を終えても、なくなることはありません。一方、特別委員会は特定の案件の調査・審査が終われば消滅します。

　しかしながら、予算・決算を審査する委員会を除く多くの特別委員会が、実務上は任期中ほぼ常設に近い状態のようです。考えてみれば、再開発や防災などの重要案件が短期間で結論が出るはずもありません。結果的に両者の区別はつきにくくなっています。

　また、このほかに設置できる委員会として、議会運営委員会（略称、議運）があります。これは、議会の運営そのものについて協議するために設置するものです。

委員会での発言で気をつけた方がいいことは？

　議題の内容にかかわらず一般的に気をつけた方がいいことを挙げてみましょう。

　まず、簡潔明瞭に発言することです。議論に熱が入ると説明が詳細になるあまり、要領を得なくなりがちです。議員に聞き返すのは失礼になるという思いから、答弁者はそのまま何とか答えようと努力し、結果的に答弁漏れをしたり曖昧な答えになったり……。その場はそれで済んでも、議会事務局が会議録などをつくるために発言内容を読み返すと、実は議論がかみ合っていなかったことや質問への答えがなかったことに気づいたりします。

　もうひとつ気をつけた方がいいことは、いわゆる"問題発言"についてです。差別的発言はもちろん、他の議員が所属する会派への批判や伝聞に基づくことを断定的に発言することなどが問題視されたりします。自分の発言に問題があったと思ったり、誰かから指摘されたりして発言を取り消したいときは、その会議を開いた会期内に委員長に申し出ることが必要です。

パネルや写真、現物を見せながら発言できる？

　国会中継を見ると、国会議員が表やグラフなどの書かれたパネルを見せながら質問していることがあります。国会で認めているのだから自治体議会でもできて当然かというと、実はそうとも限りません。

　委員会室で実際にパネルなどを見て発言を聞いている人にとっては、その方が分かりやすいでしょう。でも、後日、その委員会の会議録を読む場合には、パネルなどを見せながら「ここがこうなっているから」と発言していたものは、文字だけで読むと何を言っていたのか伝わりません。こんな事情か

ら、委員会でのパネル等の使用を認めるか、認める場合には会議録にそのパネルの内容を掲載するかなどの取扱いは、個々の議会によって違います。委員長の許可で認める議会もあれば、前例がなく、あらかじめ議会運営委員会などで合意してからでないと認められない議会もあるので、もしパネル等の使用を検討している場合には事務局職員に相談してみることをお勧めします。

全ての議題について発言しないといけない？

　委員会の議題には、条例案などの議案、請願・陳情など、様々なものがあります。その内容や分量は日によって違い、ときには途方に暮れるほどの数の議題を1回の会議でこなさなければなりません。議題の中には、例えば法改正に伴って条例の条項の番号がずれるだけの条例改正案など特に議論の必要がなさそうなものもあり、疑問点などがなければ無理に発言する必要はありません。発言時間制をとっている議会はもちろん、そうでない議会でも完全な時間無制限でエンドレスに議論できるわけではないので、全ての議題で発言すると、そのときの主要なテーマの議題に費やせる時間が減ってしまいます。

　なお、その議題に対して自分の会派が反対の場合は、同じ会派の誰か1人は発言した方がよいでしょう。自分も含めた同じ会派の誰も発言をせずに、いざ採決のときに反対するとなると、反対した理由が他の人たちに伝わりません。プロポーズした際に相手がOKしてくれればそれで十分ですが、断られたら理由を教えてもらえないと納得しにくいのに少し似ているかもしれません。

自分が所属していない委員会では発言できない？

標準市議会会議規則117条には「委員外議員の発言」という規定があり、委員会が許可すれば委員でない議員も発言できます。ただ、これを認めている議会はそれほど多くないようです。その他の方法としては、①本会議で発言する、②他の議員に発言してもらう、③自分が所属する委員会で工夫して発言する、の主に３つがあります。

①の「本会議で発言する」は、議案についての質疑や討論の際に発言する方法です。本会議に出席する執行機関側の職員は委員会とは違いますし、本会議と委員会は開会する時期も会議中に発言するための手順も違うので、それらの点には注意が必要です。

②の「他の議員に発言してもらう」は、自分が発言したい委員会に所属している他の議員に発言してもらう方法です。同じ会派の議員に頼むというのはよくあるようです。

③の「自分が所属する委員会で工夫して発言する」は、所属する委員会の議題に強引にこじつけて別の話をする方法です。本来、議題外の発言は認められないので委員長や他の委員が問題視することもあって綱渡りに近い方法ですから、あまりお勧めはできません。

案件について賛否を決められない場合は、どうすればいい？

採決をする案件は可決か否決か態度を示すのが原則ですが、案件は様々です。ひどく複雑なものもあれば、可否のどちらを選んでも住民に与える影響が大きいものもあり、ちょっとしたクイズのように簡単に答えが出せるもの

ではないでしょう。

すぐに決められない場合にとりうる第一の方法は、採決の先送りです。会期中に再度委員会を開くか、会期中は結論を出さず会期が終わった後に審査する継続審査とします。会期中の先送りならば少なくとも委員会としての合意が、継続審査ならば本会議での議決が必要です。

ただ、自分は採決の先送りをしたくても、他の多くの委員が採決を求めれば採決されます。こうなると可決・否決のどちらかに決めなければいけませんが、どうしても決められない場合は退席することになるでしょう。発言を終えてから採決に入るまでの間に委員会室から出ることになります。タイミングを逸すると退席する前に委員長が採決を始めてしまうので、注意が必要です。

ちなみに、委員会の採決で「可決」としながら、その後に気が変わって本会議の採決で「否決」にするなどのように表決態度を変えるのは不可能ではありませんが、他の議員に十分納得してもらえる理由がないと問題にされるかもしれません。これは本会議での採決の方法を簡易採決（全会一致）、起立採決（賛成者のみ起立）、投票採決のどれにするか決める際にも影響するので大事なことです。

委員会室に持ち込める物や服装に制限はある？

持ち込める物や服装の制限は個々の議会で違います。

タブレットなどは一部の議会で積極的に導入していますが、多くの議会ではまだ取扱方針が明確になっていないようです。仮に持込みが認められても、委員会中の動画配信や議題と無関係なサイトの閲覧は通常は認められていません。携帯電話は電源を切るかマナーモードにすることとしている議会がほとんどですが、うっかりしていて会議中に着信音が鳴る議員も見かけます。

これが個性的な着信音だと妙に注目を浴びてしまうこともあるようです。服装の制限は、委員会と本会議で制限内容が違ったり、クールビズとして認める服装やその期間にも違いがあったりします。

また、傍聴者から「議員が会議中にゲームをしている」との指摘があって調べてみたら、持込みが許可されている電子辞書で言葉を調べていただけだった例や、胸元が開いていたりスカート丈が短かったりなどの露出度が高い服装で来て他の議員から指摘された例もあります。制限の有無だけではなく、一般住民などからどう見えるかにも配慮する必要があるようです。

自治体や議会の不祥事などを特に取り上げたいときはどうすればいい？

首長や一部議員のスキャンダルなどの事件が起きると、自治体議会では「真実の追求」や「責任の追及」が強く叫ばれます。「100条委員会だ！」との声が上がることも。

議会における委員会で取り上げたい場合、次のパターンが考えられます。①すでにある委員会の所管事項の中でいつもどおり扱う、②問題となっている案件を所管する特別委員会を新たに設置して通常の範囲内で調査する、③100条調査権（地方自治法100条1項）を①又は②の委員会に委任して、いわゆる「100条委員会」として取り扱う。

①のすでにある委員会で扱うのは一番簡単な方法です。ただ、大きな事件の場合、多くの議員が議論に加わりたいでしょうから、すでに設置されている委員会で扱う場合、これに対応しにくいのがデメリットかもしれません。②の新たに特別委員会を設置する方法であれば、その案件を議論する最適なメンバーを選任し、一段落したら特別委員会を終えることもできるので、扱いやすい方法です。

では、③の100条委員会は、どうでしょう。これは偽証の告発にもつながる強い権限がある委員会だからこそ、「三人寄れば文殊の知恵」のはずの委員会が、両刃の剣を各委員が振り回した結果、敵味方もろとも傷を負ってしまったりします。カッとなって拳を振り上げてみたのはいいけれど、下ろす先が分からず困り果てるという事態になりかねません。やるなら相当の覚悟が必要なものと思った方がよいでしょう。

3 予算・決算の審査

決算の審査なんて、そもそも使ってしまったお金について議論する意味はある？

　入ったお金は決まっていますから、「もっと入ったようにしろ」といっても無理。使ったお金も、もう使ってしまった後に「これに使うな」といってもやはり無理。そんなこともあって、議員や職員の間でも決算より予算が重視される傾向にあります。予算委員長の方が決算委員長より格が上だと考える方もいるようです。

　家庭のこづかいなら、「いくらもらえるか」が大事で、こづかいの使い道までとやかくいわれることはそうはないはずですが、自治体の予算は使い道まで決められています。終わったことだからこそ、しっかり議論・検証する必要があるわけです。不正支出や目に余る無駄遣いがあれば、関係者の責任が問われ、決算を認定しないことになります。認定はするけれど、黙って認めるわけにいかなければ附帯決議をすることになります。そこまでいかずとも、見えてきた反省点を執行機関と議会が共有することで、次の予算に反映させる建設的な議論につなげることができるでしょう。

予算や決算全体を審査するなんて、分野が広すぎない？

　他の委員会と違って、予算・決算の委員会が扱うのは全ての分野の予算・

決算です。そこで議員の専門性を生かすため、議会によっては「分割付託」や「分科会」などの方式をとっています。

「分割付託」とは、土木や教育などの性質ごとに予算・決算を分けて、これらを担当する常任委員会にそれぞれ審査を付託することです。専門分野に長けている常任委員が審査できるように、昔からこの方法をとっている議会も少なくありません。質疑をするだけなら、それほど支障はないものの、分割付託した予算を各委員会で採決するときに、ある委員会は可決し、別の委員会は否決するといった問題が起こり得ます。恋人と結婚するか決めるとき、性格はマル、経済力はバツ、容姿は……などといってみたところで、1人の人間を分割できない以上、要は結婚するか・しないか、でしかないのと似たようなものです。分割付託は混乱のもと。議案不可分の原則に照らすと、これは間違った扱い方なので改めることをお勧めします。

「分科会」とは、手続上は議案をひとつの委員会に付託しつつ、その委員会の中に専門分野ごとに設けた分科会で、予算・決算の性質ごとに質疑をするというものです。予算や決算の委員を常任委員で構成すれば、議案不可分の原則に反せず専門分野ごとに質疑ができます。

ところで、各常任委員会の全委員、つまり、全議員で予算や決算の委員会を構成する議会では、全議員が委員会で質疑・採決をした後、同じく全議員が本会議で再度採決をすることになるので二度手間じゃないかという指摘もあります。委員会は議員数などが多い場合に能率的に処理するために設けるものですから、そもそも全議員で審査するなら本会議で行っても同じかもしれません。ただ、委員会では比較的自由に質疑や討論ができる一方、本会議は最終判断を下す場ということもあってほとんどの発言が通告制になっている場合があることなど様々な制約があります。本会議のみの審議ではやりにくいかもしれません。

毎回特別委員会を設置するのはなぜ？

　予算・決算を審査する委員会をどんなものにすべきか統一した決まりはありません。代表的なものとしては、一般的な常任委員会とは別に、多めの委員数の委員会を設置する方法があります。この委員会を特別委員会とするか常任委員会とするか、委員を全議員とするか一部の議員とするかは議会によって違い、多くの議会では特別委員会を設置しています[※]。予算や決算を審査するために毎年設置するのであれば、常任委員会にすべきでは？という疑問を持つ方もいると思います。以前は複数の常任委員会の委員にはなれなかったため、予算や決算を審査する委員会を常任委員会にしてしまうと、予算や決算の常任委員会の委員は他の常任委員会の委員にはなれませんでした。そのため、特別委員会として設置する議会が多かったのです。

　しかし、2006（平成18）年の地方自治法の改正により、常任委員会の所属制限が撤廃され、2つ以上の常任委員会に所属することが認められたため、特別委員会として設置する大きな理由はなくなってしまっているのが現状です。そのため、予算と決算を審査する常任委員会を設置する議会が少しずつ増えています。

[※]　50.5％の自治体が予算を、69.3％の自治体が決算を特別委員会を設置（平成29年中）している（全国市議会議長会「平成30年度市議会の活動に関する実態調査結果（平成29年1月1日～12月31日）」（平成30年11月）。

予算書・決算書を見てもよく分からないけれど、どうすればいい？

　美術展の図録を思わせる分厚い冊子に文字と数字が羅列された予算書・決算書は、分かりやすいものではありません。自治体職員でさえ、担当してい

る施策が予算書・決算書のどこに書かれているか見つけられないことがあるほどです。そのため、時々、委員会の場で議員が「予算書の何ページにあるか分からないんですが……」などということになります。

「何ページなの？」、「この金額の内訳は？」等々の細かい確認に貴重な時間を費やし、肝心の論点に踏み込みきれず、「時間がないので、これで終わります」なんて展開は、実にもったいない。数値やちょっとした事実の確認は、事前に執行機関に聞いておくか、資料を要求しておけば済むことです。膨大な資料を短期間で出せと要求したりしない限り、執行機関も議員の関心のありかが事前に分かるので嫌がりはしないものです。

いうまでもなく、予算書だけ見ても充実した予算審査はできません。首長にとって不都合な何かは、むしろ表にハッキリとは書かれていないと思った方がよいでしょう。前年度の決算書や今年度の予算書との比較、現場での情報収集によって問題点をあぶり出すことこそ予算審査の醍醐味。結果、紛糾するのは、一職員として困るところではありますが……。

議会費の予算は、どう決めている？

予算は土木費や教育費など分野別に分かれていて、そのひとつとして自治体議会の運営に使う経費である「議会費」があります。自治体の予算は首長が編成しますが、議会が使うお金は首長といえども議会の意見を全く聞かずに勝手に編成してしまうことはありません。

この編成の仕方は自治体によって違うものの、おおむね各会派の幹事長が集まる幹事長会などで大まかな課題を話し合って決めた後、秋頃に議会事務局が首長の財政部門に来年度の予算を要求します。その後に内示の結果が幹事長会で報告され、予算案が確定するという手順です。首長側は議会からの要求をむげにできない傾向があって議会費の予算はつきやすく、事務局は他

3　予算・決算の審査

の部署の職員からうらやましがられたりもします。

　議会改革などで新たなことに取り組もうとする場合、こんな手順を理解して進めなければなりません。議会報告会には会場費や広報費、議員向けの研修や参考人の招致には謝礼や交通費が必要です。予算要求である以上、中身も決めずに「議会改革経費で100万円」なんて曖昧な要求はできないので、ある程度の意思統一を議会内で事前に済ませておくことが求められます。

そもそも執行機関は、どんな手順で予算案をつくる？

　①予算編成の指示、②予算要求、③ヒアリング、④予算案の内示、が一般的な流れです。自治体により多少違いますが、9月頃に予算編成の指示があり、来年度の方針が首長から示されます。年度の半分を残した時期から予算積算作業に入るわけです。また、これ以前から積算に向けた検討をしておくのが理想ですが、多忙な職員は指示があってから急ごしらえで積算することも多く、状況分析や経費の積算を緻密にしていない例もあります。ヒアリングはおおむね11月から12月に行われ、「要求を削る・削らない」、「要求されていないが、予算をつける・つけない」という攻防が繰り広げられます。住民の声に応えようと要求した予算が否定されたり、財政状況を考えない安易な要求が否定されたり。担当部署が必要性を感じず反対していた施策に予算がつけられ、担当幹部は内心反対なのに立場上やむを得ず、いかにその施策が必要かを議会で答弁するといったことも起こり得ます。うまく攻めると、それぞれの答弁に齟齬が生じたり検討過程の甘さが浮かび上がったりします。

　翌年1月頃の内示がされれば、予算案は固まったようなもの。納得できない部署が最後の交渉に臨むこともありますが、ひっくり返すのは困難です。このため、予算案そのものに自分の要望をあらかじめ反映したい議員は、内

示より早い段階のおおむね12月半ばまでに首長に予算要望書を提出します。この時期までに間に合わなければ、あとは議会の場で堂々と議論を戦わせましょう。

質問したいことについて、どう勉強したらいい？

まず、前年度の決算や行政評価（※）と比べてみましょう。実績が決算では下がり、行政評価の結果も低いのに、同額・増額だったら疑問を持ちましょう。また、廃止事業は予算案に掲載されないので注意してください。前年度決算や今年度予算と比べて違いを見つけるのは王道の勉強法です。

次に、過去の議会答弁を確認しましょう。大抵のテーマは過去に誰かが質問しているものです。実は過去に苦し紛れのその場しのぎで「検討します」と前向きな答弁をしていたのに、その後、全く進展していないこともあります。ある自治体議員は、事務局職員が感心するくらい過去の議会答弁を読み込んできて質問を繰り出していました。今は会議録検索システムを導入している議会が多く、過去の答弁を簡単に検索することができます。活用しない手はありません。

そのほか、財政的視点としては、収支バランスや翌年度以降の経費見込みを調べてみるということも重要です。自治体の予算総額は限られていますから、新規・拡充を喜んでばかりもいられません。何かを増やせば何かを削らざるを得ないはず。無理に増やし続けて財政赤字に陥るのを見抜けなければ、議会はチェック機能を果たせなかったことになります。

ところで、勉強仲間は同じ会派の議員だけではありません。他会派と合同で勉強をしている議員の方も中にはいます。意見の違いがあるからこそ新たな視点も得られるものです。

（※）　行政評価とは、各施策の目標に対して、その現状・成果を評価しているもので、多

くの自治体で毎年度実施し、公表しています。

執行機関が嫌がる質問って、どんなもの？

「この金額の内訳は？」などと簡単な数字について尋ね、答弁に納得するだけなら執行機関は嫌がりません。予算審査は居酒屋談義ではないので、思いつくままに会話をするだけでは、議論は深まりません。また、演説会でもないので、自分だけまくしたてても議論になりません。発言時間制ならば肝心なことを答えずに済み、執行機関は大喜びでしょう。嫌がるのは、核心を突く指摘を簡潔にされ、何とか答弁しても残り時間がまだあって、さらなる追及が延々と続く質問です。

いわばボクシングでしょうか。単調なジャブの連打では容易にガードされてしまうので、無意味な質問を繰り返すのはダメ。相手にクリンチされて時間稼ぎをされるような、曖昧な答弁を長々聞かされて時間切れもダメ。相手に届かないパンチが空を切り続けるだけのような、自分だけしゃべって答弁の時間が残らないのは論外。でも、ゴング早々、ストレート一発でノックアウトのような、最初の質問だけで満足な答弁が得られるはずもありません。ジャブを打ったら相手がどう反応するかイメージし、打ち返されても食い下がり、ロープ際まで追いつめて、どうやってとどめの一撃を放つか、シャドーボクシングのように答弁者の反応をイメージして、次に続けていく質問も考えておく。そんなシミュレーションが必要です。

ただ、答弁者も人間ですから、ひどく非難されると絶対に譲ってやるものかと意地になることもあります。執行機関の立場も理解した上で建設的な着地点に持っていくのが賢い攻め方ではないでしょうか。

予算案に賛成の場合は、どんな質問がいい？

　予算案に反対したり執行機関を追及したりすることばかりが予算審査ではありません。予算案の中の施策には、議員自身の要望に沿ったものもあるでしょう。そんな場合は何も質問しないとか単に執行機関を評価するとかだけでなく、自分の主張が実現したとアピールしつつ、その執行がきちんと目的に沿ったものになるよう求めるのがいいでしょう。賛成だからといって首長を褒めちぎって感謝を示すだけでは、議会の存在意義が疑われてしまいます。

　とはいっても、首長や職員の努力や貢献をそっちのけにして自分だけの手柄のように吹聴したら、執行機関側も面白くありません。自分が賛成している施策に強く反対している議員がいるならば、あえて質問して反対議員の意見を論破する説得力をもって主張を明確にし、執行機関の味方になって後押しをすれば、自分も執行機関もハッピーになれます。

決算審査をするとき、どこに注目すればいい？

　決算審査の質疑をするとして、どこに注目して何を指摘するべきでしょうか。慣れないと、結局、決算書とは無関係に自分が関心のある話題を延々と話して終わることになりかねません。

　質疑でよく取り上げられるのは執行率や実績値です。執行率とは、予算額の何パーセントを実際に使ったかを指し示す値です。実績値とは、例えば補助や助成の件数、利用人数などの値です。前年度決算での執行率や実績値と比較し、それらが低くなっていたら問いただすのは決算審査の王道です。

　ところが、実績値が示されていない事業があったり、実績値が事業の本当の効果を示していなかったりすることもあり、決算審査においてはここがミ

ソになってきます。高い執行率だけでは、その中身が実質を伴っているかの証明にはなりません。執行率や実績値が低ければ議員に詰問されるのを執行機関も分かっていますから、明らかなうそにならない程度に取り繕おうと工夫することもあります。あらかじめ現場を見たり関係者に話を聞いて生の情報を集めたり、公表されている数値の内訳や具体例を調べたりして、これらの裏側をどうあぶり出し、その先にある執行機関の考え方や方針をどう議論できるかが、議員の力の見せどころです。

自分が質問して執行機関から引き出した言葉に他会派の議員が影響されて議会としての共闘につながれば、それこそ面目躍如ではないでしょうか。

資料要求をしてもいい？

予算や決算の審査を行うに当たり、より深く積算や執行の状況を確認するため、委員長を通じて執行機関側に様々な資料を要求することがあると思います。本来は委員会の中で資料要求を行うのですが、委員会が始まってから資料を要求していては審査に間に合わないため、多くの議会では予算や決算を審査する委員会が始まる前に議会事務局を通じて資料を要求し、予算や決算の審査開始前までに資料がそろうような運用をしているようです。

ここでよく問題となるのが、大量の資料を要求する委員です。あくまで予算や決算の審査に使用するための資料要求なのに、いくら何でも使い切れないだろうというような数の資料要求をする議員が多くの議会で見られるようです。資料要求をする議員からすれば「ひとつの質疑をするための背景として多くの資料が必要になる」、「資料を要求したら疑問が解消されたので質疑をしなかった」など、資料要求の正当性があります。

しかし、実はこの資料要求は、執行機関側としては応える法的義務はありません。資料を要求する際には「この要求には強制力はない」ということを

認識しておく必要があります。ある新人の議員が「議員の要求する資料を出さないとは何事だ！きちんと全部出すべきだ！」と抗議してきたことがありますが、資料要求についてきちんと理解していれば、このような発言は出てこないのです。

資料を作成する職員も人間です。強制力があると勘違いして無茶な資料要求をする議員と、予算や決算の審査に必要だと誰もが納得できる資料のみを要求する議員の、どちらの資料を優先して作成するでしょうか？　本当に必要な資料かどうかを吟味して要求することが、結果としていい資料を提供してもらえることにつながると思います。

資料要求をするときのコツは？

それでは資料要求をするときの注意点を取り上げてみましょう。

第1はタイミング。早ければ早いほどよし。要求しても資料をすぐにもらえるとは限りません。思い立ったが吉日、欲しくなったら、できるだけ早く議会事務局や執行機関に相談しましょう。以前から関心があって要求するつもりでいる資料があれば、予算案や決算書が提出される前でも早めに予告しておけば、執行機関もそのつもりで準備していてくれます。

第2に誰が要求するか。「誰でも同じでしょ？」と思う方もいるかもしれませんが、全然違います。「いわゆる野党系の議員が1人で要求する」のと「委員会として委員全員で要求する」のとでは執行機関の態度の差は大きいもの。「出せる資料なら誰だろうと出すべき」なのは正論ですが、一部の批判的議員だけから要求されると執行機関は必要以上に身構えます。同じ議員の仲間を味方につけて、大人数で要求すれば、執行機関としてもむげにはできません。ある議会では、委員会としての資料要求の件数が増えて怒った首長が、「こんなことにならないよう、うまくやるのが議会事務局の仕事だ」

3　予算・決算の審査

と口走ったこともあるそうです。もちろん、そんなことが議会事務局の仕事ではありません。

> 資料要求に執行機関が気持ちよく応えられない事情って、何？

　執行機関が資料要求を嫌がる理由は「面倒だ」とか「後ろめたいことがある」とかばかりではありません。そのあたりの事情を少し紹介しましょう。
　第1は、「何が欲しいのか分からない」という場合です。要求した資料の件名だけでは議員の意図が分からずに執行機関が勘違いし、議員がイメージしていたものと違う資料を用意してしまうことがあります。こうならないためには、事前に認識の共有が必要でしょう。
　第2は、「既存のデータがないので新たに調べる必要がある」という場合です。ときに民間企業などに協力をお願いしなければならず、時間がかかります。執行機関としては早く提出したくても、民間企業などに「すぐには出せない」といわれれば、それまでです。
　第3は、「データを持っていることを職員が知らない」という場合です。職員間の情報共有が不十分なために起きるミスで、これは批判されるべきことです。何も疑わずに「ない」と答え、ひょんなことから後で発見して「あったよ！」と顔そう白になったりします。
　また、まれな事例として、「要求どおり提供すると外部の関係者が激怒するおそれがある」ということもあります。地域団体や企業が絡む情報には、出すのが違法とまではいえず執行機関としての不都合はなくても、自分の意向だけで出すのが難しいデリケートな情報もあります。
　ところで、話は少しずれますが、「すでに議員に配った資料にある情報を要求される」ということもあります。欲しい情報をうまく見つけられないこ

ともときにはあって当然ですが、「この資料に書いてあります」と職員が伝えたら「それでもいいから提出しろ」と逆ギレした議員もいたそうで、こんな反応は無駄に敵をつくるだけですのでご注意願います。

議会費について質問していい？

「議会費について質疑をしたら、誰が答弁するかでもめたことがある」。ちょっとした「議会あるある」かもしれませんが、一体誰が答弁すべきなのでしょうか。

各自治体の会議録を見てみると、①議会事務局次長や事務局長が答弁している、②求めに応じて議長が答弁している、③そもそも議会費に対しての質疑はない、④（内容に応じて）会計管理者や財政課長等の執行機関が答弁しているというパターンが多く見られます。本来であれば答弁するのは説明員として出席している職員になるので、④が本筋となるでしょう。しかし、実際に議会費の支出内容を最も知り得ているのは議会事務局です。執行機関側は数字については分かるものの、その内容についてまでは分かりません。そのため議会事務局次長が答弁することが最も合理的であり、多くの議会でそのような運用がなされているものと思います。

また、議会事務局次長等が答弁できるよう説明員としての出席要求をしている議会や、条例を整備している議会もあります。なお、議会費については議会運営委員会や幹事長会などで十分に議論ができるため、決算の審査では取り上げるべきではないという考え方もあり、議会費に対する質疑が全くない議会もあります。しかし、それでは議論が表に出ないため、決算を審査する委員会を傍聴した住民から「議会費についてはチェックをしないのか」と批判を浴びる可能性もありますので注意が必要です。

3　予算・決算の審査

予算案を否決したくないけれど、単純に可決するのも嫌なときはどうする？

　予算案に100％賛成はできないけれど否決するほどではない場合にどうするかというときの方法としては、主に①修正案、②組替え動議、③附帯決議、の３つがあります。

　①の「修正案」は、予算案の一部だけ直す案を可決する方法です。地方自治法97条２項の規定で首長の予算提出権を侵すことはできないという一定の制約があります。また、ほとんどの自治体議会で予算案は原案可決となっている現在、修正案の可決は首長がメンツをつぶされたと過剰反応することもあるので注意が必要です。

　②の「組替え動議」は、予算案そのものには手を加えず、「議会の意向を踏まえて予算を組み替えて再提出しろ」と首長に求める動議を可決する方法です。法的拘束力はありませんが、政治的拘束力はあるので、首長が予算案を撤回して組み替えて再提出する可能性が出てきます。ただ、首長が組替え動議を無視すると、議会は、修正案や否決という対決への道を選ぶか、結局は当初案のとおり可決する腰砕けの道を選ぶか、難しい判断を迫られることになるでしょう。

　③の「附帯決議」は、予算案は可決するけれど、「これだけは強くいわせてもらう」ということを別に決議として可決する方法です。「条件付きの可決」ではないので、組替え動議と同じく法的拘束力はなく、政治的拘束力を期待するしかありません。

　なお、前述の方法では議会内の多数を得られなかったとしても、「少数意見の留保」(※)や「討論での意見表明」で物申すこともできます。

（※）　少数意見の留保とは、委員会での表決の結果、多数を得られなかった意見について、本会議で自ら報告する権利を持っておくことです。このためには、委員会でその旨を

申し出なければなりません（標準市議会会議規則108条）。

予算の修正案や組替え動議をつくるとき、注意した方がよいことは？

　予算案のうち議案とみなされるのは、実は、款・項という大きな区分だけですから、修正案も正式には同様に款・項だけとなります。しかし、実際に議論の焦点になるのは、むしろ、ある施策の実施の是非や金額の多寡でしょう。これは、款・項の記載では伝えられないので、より詳細な内訳について説明する資料を添付する必要があります。

　また、ある施策を実施したくないから、その予算額を減らして同額を代わりに別の施策の予算に充てる修正などは、一見すると単純ですが、実はそう簡単にいきません。自治体の施策は都道府県や国の補助金などを財源の一部として見込んでいることが多く、ある施策をやめると連動して補助金も入らなくなります。浮いたお金をそのまま別の施策に使えるわけではありません。こんな点に配慮しつつ、執行機関の職員たちが１年かけて組み立ててきた莫大な金額のパズルを、間違いのないように組み立て直すのは自治体議員にとっては至難の業です。

　そのほか、首長の予算提出権による制約や、提出される場合の表決の順序など様々に難しい問題があります。事務局職員が優秀だったとしても、たかだか数日で修正案などの対応ができるわけではないことはご理解いただきたいところです。

予算案に反対したから決算は不認定にすべき？

　議会は合議体ですので、議員個人としては反対しても、議会としての結論は賛成となることは当然にしてあります。議会として予算案を認めたわけですから、議員個人としては反対したとしても適正な支出が行われたかどうか、将来の財政運営に反映させることはないかなどを審査する必要があります。

　予算案の反対理由となった事業についても、議会としては認めたわけですから、あくまで適正な事務に基づき支出されたか、成果が得られているかなどを確認すべきです。その事業の執行自体が気に入らないからどんな効果が出ようとも不認定とするのではなく、理由がある場合にのみ不認定とすべきです。

　「予算案に反対しちゃったから、決算は認定できないの？」と実際に聞かれた事務局職員がいますが、これらの理由から、予算と決算の賛否が一致する必要は全くありません。

決算が認定されなかった場合はどうなる？

　決算の審査の目的のひとつとして、すでに支出されたものに対し適正な事務の執行がなされていたかを確認することがあります。そのため「いやぁ、決算が不認定になったので、問題となったこの支出の金額を変えてくれないかなぁ？」とか「決算が不認定となった。問題のあった部分についても数字をうまく変更して、認定されるように頑張ろう！」といったことは当たり前ですができないのです。

　決算が不認定となることは少なく（※）、首長にとって事務の適正な執行や予算編成時に期待された効果等が認められなかったことになるため、不名誉

なこととなりますが、決算の効力への影響はありません。となると「認定されてもされなくても影響がないのなら、別に議会で審査する必要はないのでは？」という疑問が生じるのは当然ですね。しかし、地方自治法で決算の認定について議会で議決することが定められていますので、審査しないという選択肢はありません。決算が不認定となると、執行機関側は次年度の予算編成をより慎重に行うと思われます。また、不認定を踏まえて必要な措置をしたときは、その内容を議会等に報告、公表しなければならず（地方自治法233条7項）、一定の効果はあるものと考えます。

決算が不認定となることについて執行機関側は非常に嫌がることも確かなようで、ある自治体では決算が不認定になりそうな流れになり、執行機関側と議会事務局長が大慌てで水面下の調整を行い、何とか認定に持ち込んだなんて出来事もあったそうです。

（※）　平成28年度一般会計決算において、不認定は11市のみ（814市中）（全国市議会議長会「平成30年度市議会の活動に関する実態調査結果（平成29年1月1日～12月31日）」（平成30年11月）。

4 請願・陳情

請願と陳情の違いは？

　自治体議会における請願と陳情の違いは、紹介する議員がいるかどうかです。紹介議員がいれば「請願」として受理し、いなければ「陳情」として受理します。請願は必ず議会で審議されますが、陳情はどうでしょうか。現状、陳情は各議会によって取扱いに大きな差があります。議員へのコピー配布や議長への報告しか行われない議会もあれば、形式が整っていれば全て請願と同様に扱う議会もあります。陳情の取扱いは、近年の議会改革の議論の中で必ずといっていいほど取り上げられる内容です。「陳情も請願と同様に扱う」ことが「議会改革の進んだ議会」として評価のポイントが高いことも後押しし、議会改革を進めている議会では陳情も請願と同様に扱うと定めているところが多くなっています。

　しかし、現場の議員からは「請願（紹介議員）の意味がない」とか「あまりに本市の実情からかけ離れている内容の陳情まで時間をかけ審議する必要があるのか」などの声がくすぶっていることも事実です。また、大量の陳情が提出された場合の議会運営についても考えておく必要があります。実際に1人の住民が大量の陳情を提出している議会では、陳情以外の市長提出議案等の審議にかけられる時間が少なくなり対応に苦慮していました。請願と同様に扱う陳情について、議会運営委員会などで諮った上で決定するなどのフィルターをかけるのも一手かもしれません。

　ちなみに、請願・陳情を議員に配る際は、コピーではなく決まった形式の「文書表」というものに議会事務局が作り直して配っています（標準市議会

会議規則140条）。提出された生の請願・陳情は、提出者によって書式もバラバラで、ときには達筆すぎる手書きだったりして、そのままでは分かりにくいためです。もちろん本文にはほとんど手を加えず、提出者の趣旨が正しく伝わるように十分注意しています。

一部採択や趣旨採択は認められる？

請願を審査していると「この部分は賛成できるけど、こっちは賛成できないんだよな」とか「提出者の意見は分かるし内容は賛成なんだけど、要求している具体的内容については現実的じゃないんだよな（お金がかかりすぎるとか）」などと逡巡することがあると思います。そんなとき、不採択にするにはあまりにも忍びないという考えから「一部採択」や「趣旨採択」を採用している議会も多いでしょう。しかし、議案不可分の原則からすると、請願は議案であることから採択か不採択の2択しか本来あり得ません（標準市議会会議規則143条）。そのため厳格に採択か不採択しか採用していない議会も存在します。しかし、請願は修正できないことと、提出者が住民でありその意思を少しでも取り入れようとすることから、議案不可分の原則を少しだけ曖昧にしているのが一部採択や趣旨採択なのです。正面から「一部採択はいいのか、いけないのか、はっきりしろ」といわれたら「胸を張って『いいです』という根拠はありません」と答えざるを得ないのですが、長年の自治体議会の現場で培った知恵によるひとつの着地点であると考えます。

理由を説明せずに採択や不採択にしてもいい？

委員会当日、陳情の提出者が委員会に出席して趣旨を説明したのに委員か

らの提出者への質疑、執行機関側への質疑、討論など全く発言がないまま不採択とされ、その場で陳情者が激怒したことがあります。「不採択にするのはいい。でも何の発言も意見もなく不採択とはどういうことだ！」と。陳情内容がいささか個人的なことだったこともありますが、委員からの何の発言もないままの不採択であり、提出者が怒るのも無理はありません。賛成であれ、反対であれ、委員は何らかの発言をするべきであったと思います。なお、そのときは事前に警備担当職員を委員会室外に待機させてあり、すぐに中に入れるようにしていましたので、事務局職員と協力し、提出者をなだめながら委員会室の外にお連れしました。気持ちが落ち着いて帰宅されたのは約1時間後でした。

請願提出者の関係者が大勢傍聴に来たら？

請願が提出されると、提出者の関係者が審査の行われる委員会の傍聴に大勢来られることがあります。議会事務局では事前に提出者に「傍聴に来ますか」、「傍聴に来るなら何人くらい来ますか」と聞いたりしています。傍聴規則で定員は決まっていますので、それ以上来た場合は、議会中継のモニターを設置した別室を案内したり、臨時にできるだけ椅子を用意して入室できるようにしたりするなど対処しています。

また、内容が子育て関係だと、乳幼児を連れた方が多くいらっしゃることもあります。多くの議会では乳幼児の傍聴席への入場を傍聴規則で禁じていますが「委員長の許可があれば認める」という規定がほとんどだと思いますので、委員長が許可をすれば一緒に傍聴できます。最近では東京都町田市議会のように親子傍聴室を設置するなど、傍聴のハードルを少しでも下げようと努力している議会が多いようです。

分割付託はできる？

　請願の内容によっては、複数の委員会の所管事項にまたがる場合があります。標準市議会会議規則141条3項に「請願の内容が2以上の委員会の所管に属する場合は、2以上の請願が提出されたものとみなす」とあり、それぞれの委員会に付託するものとされています。ただ、この場合、異なる審査結果が出る可能性が否定できません。そのため、請願内容の比重が一番重い委員会のみに付託する議会もあります。しかし、この方法では関連する他の委員会の委員が審査をする場を奪うこととなります。それを避ける方法のひとつとして、連合審査会を開き、合同で審査することにより委員会としての意思をひとつにするという方法が考えられます。

紹介議員の役割とは？

　請願には必ず紹介議員が必要ですが、そもそも紹介議員とは何をするのでしょうか。すぐに思いつくのは、請願書の表紙にサインすることと、委員会で内容の説明を求められたときに発言することかと思います。さて、大変基本的なことかもしれませんが、「紹介議員はその請願に賛成の議員」である必要はあるでしょうか？　請願者と議会との橋渡しをする役割であると考えれば、どちらでもよいかもしれません。しかし、先ほど述べたように、委員会で説明を求められたときにはこれに応じる必要があります。請願の内容に反対の議員が説明した場合、果たして請願者が意図する説明がなされるか、大変疑問です。説明の仕方によっては、悪意を持ってその請願をつぶすこともできてしまいます。行政実例(※)でも請願の内容に反対の議員は紹介議員になるべきではないとしています（昭和24年9月5日地自滋第4号）。ちな

みにある議会で、紹介議員がその請願に対し賛成しなかった例がありますが、同僚議員や市民から相当な批判が噴出しました。当該議員も「紹介議員は請願者と議会との橋渡し役だ」的な観点から反論していましたが、「客観的に無理がある説明だな」と感じました。

（※）　行政実例とは、法令の適用の仕方などの疑問点について、主に自治体から照会を受けた国の省庁などの回答内容です。あくまで意見の表明であり、法的拘束力はありません。

請願者が委員会で直接説明することはできる？

　請願者がその意図をきちんと伝えたいとの思いから、委員会で直接説明したいという申出があった場合、どうすればよいでしょうか。近年の議会改革の流れの中で、提出者の発言の機会を保障している議会が増えており、参考人として出席してもらう、開会前に発言してもらう、審査時にいったん休憩をとり、その間に発言をしてもらうなどの対応をとる議会が多いです。提出者としても直接発言ができることにより、満足度は間違いなく高まるものとなります。実際に、筆者が事務局在籍時、遠方の方以外はほとんどの提出者が委員会当日の発言を希望していました。

5 意見書・決議

意見書と決議って、そもそも何ですか？

　意見書とは、自治体の公益に関する事件について、自治体議会の意思、つまり「○○について△△してほしいと私たち議会は考えています」といったことを国会や国の官公庁などの関係行政庁に表明するために議決して提出する文書です（地方自治法99条）。

　一方、決議には2種類あり、法律などで定められていて法的効果があるものと、法的効果がない事実上のものがあります。法的効果があるものの例として、首長に対する不信任決議（地方自治法178条）や特別委員会の設置に関する決議（地方自治法109条4項）などがあります。法的効果がない事実上のものには、自治体議会の対外的な意思表明として、亡くなった首長経験者に対する感謝決議や外国の核実験に抗議する決議、そして議員辞職勧告決議などがあります。

　意見書も事実上の決議も、どちらも自治体議会としての意思表明ですが、果たして何が違うのでしょうか。それは法律に定められているかどうかです。意見書は前述のとおり地方自治法に定められているもので、提出できる相手などに一定の制約があります。一方、決議は法律に定められていないので、実務の必要に応じてかなり自由度の高いものとして活用できるものです。

意見書や決議の案を提出・議決するかは、どうやって決める？

　意見書や決議は自治体議会の意思表明ですから、首長から議会に提案されることはなく、議会内部で「意見書を出そう」、「決議をしよう」という声が出て初めて動き出すものです。最終的に議員提出議案として提案されますが、前段階での典型的パターンが2つあります。

　1つ目は、議会への請願・陳情の内容として意見書の提出が求められている場合です。例えば国の法案に反対している住民がそれを自治体に後押ししてもらいたいとき、このような請願・陳情が提出され、これを自治体議会が採択すると、改めて議会は同趣旨の意見書案を議員提出議案として提案し、議決することになります。

　2つ目は、議員自らの発案で意見書案を提出する場合です。議員の政治信条や所属政党からの要請により、意見書案を提出したいという声を上げます。法規上は議員提出議案の提出に必要な賛成者数が得られれば正式に提案できるものです。しかし、実務上は、それとは別に、正式に提案するかどうかの議会独自の取決めがあり、例えば、ある議会では、最終的に全会一致が見込める意見書案でないと提案しないことにしています。このため、まず意見書案の前段階の素案を議会内部で検討し、正式に提案するか決めるのが一般的なようです。その過程で意見書案の文章の一部を変更・削除するための議論が行われます。

意見書や決議の文章は、誰がどうやって書く？

　請願・陳情の採択に基づく意見書案の場合、そもそもの請願・陳情の本文

をベースとして、その趣旨に反しない範囲で議会として提出するのには適さない表現などを修正して意見書案をつくります。これは、おおむね議会事務局の仕事です。

議員自ら提案する意見書案の場合、基本的に発案者の議員が書きます。その後、他の議員と議論をして、それぞれの意見に応じて文章を直していきます。「この言葉は削れ」、「この言葉を入れろ」などと明確な指摘がされる場合もあれば、「こんなニュアンスに変えてほしい」というざっくりとした注文もあり、これらを反映させて意見書案をつくり上げるのも、おおむね議会事務局の仕事のようです。

また、そもそも文章に事実誤認などがないかをチェックするのも事務局の役目となります。議会として提出する以上、法律や団体の名前が間違っていたり差別的な表現が使われたりしてはいけません。提出先の関係行政庁も、昨今増えている内閣の特命担当大臣を宛先に含めるべきかなど、どこが適切か見極める必要があります。

いずれにしろ議員提出議案ですから、途中のプロセスで事務局が関わるとしても、最初に「出したい」と声を上げるのも最後に案文をチェックして「出す」と決めるのも議員の皆さんです。

民間企業などには意見書を提出できない？

地方自治法に定められた意見書の提出先は、国会と関係行政庁だけです。衆議院と参議院、そして国の官公庁や都道府県なので、民間企業などは含まれません。つまり、法的根拠を持つ意見書は、民間企業などには提出できないことになります。

それでは議会として何もできないのかというと、そんなことはありません。自治体議会として思いを伝えたい相手は、国会やお役所ばかりではないで

しょう。自治体の利害に大きな影響がある特定の企業や法人に対して、値上げの見合せ、企業やイベントの招致などを求めたいことは十分考えられます。

　法律上できないのは、あくまで地方自治法に定められている意見書を民間企業などに提出することなので、「これは法律に基づいた意見書です」と言わなければいいわけです。通常の意見書は、その本文に「地方自治法第99条の規定に基づき意見書を提出します」といった表現を入れて、法律上の意見書であることを明記します。逆に、民間企業などに提出したいものは、このような表現を入れずに自治体議会としての要望や決議として扱えば、それによって表明した意思を民間企業などに提出することは何ら違法ではありません。そのような議決によって提出する例は実際にあります。

意見書や決議を議決して効果はある？

　法律上、意見書を受け取る国会や関係行政庁の側に、回答や何らかの行動の義務は明記されていません。受け取るだけ受け取って、結果として何も変わらないことはあり得ますが、県に送付された意見書を担当職員が受け取ったまま放置し、知事に情報を伝えていなかったことが発覚して問題になることなどもあるようです。一方、決議は法的根拠がないものですから、当然ながら法的拘束力もありません。

　議長不信任決議や議員辞職勧告決議も同じです。議決してもその対象となった議長や議員が辞める義務は法的にはありません。多数の議員がそのような意思を示すこと自体が深刻な事態ですから、政治的には無視していいものではないでしょうが、責められた側が意地でも辞めなければそれまで。勢い余ってこんな決議をすると、逆に痛い目を見たり混乱を助長したりするだけということもあるので、その後の展開も考えて判断することをお勧めします。

では、意見書や決議を議決する意味はないのでしょうか。安易な乱発は控えた方がいいと思いますが、無意味ではありません。広く問題視されている国政の課題について、全国の自治体議会の大半が反対を表明する意見書を提出すれば、国も無視できなくなります。その自治体特有の問題や価値観を表明することも、自治体のPRとして意味のあることです。

6　公聴会・参考人

公聴会って、そもそも何ですか？

　全国の自治体議会で制定されている議会基本条例の多くで「公聴会制度及び参考人制度を活用する」とうたわれていますが、制度自体は知っているものの、活用したことがない議会が多いのが現状ではないでしょうか。実際に2016（平成28）年中に公聴会を行った議会は奈良市議会^(※)のみでした。

　さて、公聴会とは地方自治法で定められているとおり、利害関係者や学識経験者等から「予算その他重要な議案、請願等について」意見を聴くものです。議会での審査の参考とするために開催するものであり、利用を見込んで2012（平成24）年の地方自治法改正により委員会だけではなく本会議においての開催も可能になりました。

　意見を述べる公述人は、賛成と反対の立場の方が同数になるように配慮して決定します。様々な立場の方の意見を聴いて質疑を行うことにより、議案等への理解を深めることができます。

(※)　早稲田大学マニフェスト研究所「議会改革度調査2016」

なぜ公聴会の開催が少ない？

　公聴会の開催が進まない一因として、その手続の煩雑さが指摘されています。全国市議会議長会の標準市議会委員会条例によると、①議長が公聴会開催の承認をする、②日時、場所、案件等を公示して公述人を募集する、③公

述人になりたい人がその理由と賛否を文書で当該委員会に申し込む、④賛否が偏らないように公述人を決定し通知する、とあります。

公示の方法や期間、公述人を決定することなどを考えると、公聴会を行うには多くのステップがあり、開催にこぎつけるまでの労力が大変そうだと考えてしまうのが自然です。まともに行うと、公聴会開催を決めてから実際に開催するまで2、3か月くらいかかってしまうのではないでしょうか。そうすると、話題の鮮度が下がってしまうのは否めません。

議会基本条例で公聴会制度の活用とうたってはみたものの、いざとなって考えるとハードルが高いと改めて感じた議会も多いのではないでしょうか。2016（平成28）年中に唯一、公聴会が開催されたのは奈良市議会ですが、これは住居表示に関する法律5条の2第6項で公聴会を開かなければならないと定められている議案が提出されたためであり、議会として積極的に開催したものではありませんでした。

公聴会と参考人の違いは？

自治体議会の参考人制度は、1991（平成3）年の地方自治法改正で導入されました。開催に至るまでの手順が煩雑な公聴会よりも、もう少し簡単に意見を聴くことができることを目的としており、2016（平成28）年中において本会議では9議会、委員会では274議会において参考人を招致しています。同年中に公聴会が実施されたのは1議会であり、公聴会の開催に比べ参考人制度が利用しやすいものであることがうかがえます[※]。

参考人の招致には、公聴会の公述人と違い公示の必要がなく、賛成の立場と反対の立場の両方の参考人の参加も求められていません。極端な話、委員会当日に参考人を決定して招致することも可能であり、この自由さが参考人制度の肝なのではないでしょうか。

(※) 早稲田大学マニフェスト研究所「議会改革度調査2016」

参考人の招致は簡単にできる？

　自治体議会の参考人制度は、簡単な手続で住民の意見を聴くことを目的として導入されました。委員会で招致する際の実務的な進め方としては、参考人の出席を求める委員会で、招致を求める参考人とその日時・場所、意見を聴きたい内容等を決定し、議長名で参考人に通知することになります。公聴会の開催に比べ、かなり手続が簡単ではないでしょうか？

　とはいえ、簡単だからといって、少し難しい案件があったらすぐに「参考人招致だ！」といって乱発するのは考えものです。参考人や公述人には旅費などの支給がありますので、きちんと予算をとっておかないと「誰が払うんだ？」と問題になります。これらの費用弁償（職務上の必要経費として支給する金銭）について予算の段階できちんと確保しておく必要があり、突然、議会事務局に振られても、打ち出の小づちはありませんので、ご注意ください。

参考人の招致が多い事例は？

　実際に参考人の招致が多く行われているのは、請願・陳情の審査のときです。請願者本人が委員会で意見陳述を行えるように、参考人制度を利用しています。従来、請願の審査の際には紹介議員がその内容を説明し、請願者本人はその説明が本来の意図と異なっていたとしても、修正する機会は与えられませんでした。しかし、趣旨説明を請願者本人が直接行うことで、それらのずれがなくなり、請願者の意図を正確に伝えることができるようになりま

した。委員会としても、その場で請願者との質疑を行うことで理解が深まり、審査の充実が期待されます。また、通常は公式な発言として会議録に掲載されますので、質疑のやりとりなども確認することが可能になります。

請願者本人の意見陳述については「委員会を暫時休憩にして、休憩中に行う」、「委員会開始前に委員会協議会（委員会の委員が出席する非公式の会議）を開催してそこで行う」などの方法で意見陳述の場を確保している議会もありますが、そのやりとりは会議録に載りません。意見陳述を参考人として行うと、議会によってはインターネット中継され、会議録にも載りますので、請願者としては少々ハードルが高いと思いますが、きちんとした記録として残るという利点があります。

公聴会の開催や参考人招致について注意することは？

「被告人はこちらの質問についてのみ、お答えください」。テレビドラマなどでよく見かける裁判のシーンですが、公聴会や参考人招致においても、まるで同じような場面に遭遇することがあります。

通常の議会では、質問に対する答弁は執行機関の幹部職員が行うため、議会という独特の雰囲気やローカルルールに精通した者同士による議論が、あうんの呼吸で行われているものと思います。しかし、公述人や参考人はそうではありません。基本的にはその地域に住んでいる方や請願者本人など一般住民であり、その独特の雰囲気の中、大変な緊張を強いられています。当選後、初議会での一般質問をしたときの緊張感を思い返していただけたら、少しはご理解いただけるでしょうか。一般住民から見て、議員バッジをつけている人を目前にすると、「あっ、議員だ！」と一歩引いてしまうものです。その人たちから議会用語や行政用語をちりばめながら矢継ぎ早に質問されて

回答を求められ、こちらからは質問することは許されません。そのため冒頭のように「まるで裁判における被告のようだ」という感想をお持ちの方が出てきてしまいます。

　「郷に入っては郷に従え」のとおり、議会でのルールに合わせるのは当然ですが、議会での審査を深めるために公述人や参考人に議会で発言してもらっているのですから、発言を引き出しやすいような雰囲気づくりをするのは議会の義務ではないでしょうか。

7 傍聴

どんな会議でも傍聴できる？

　自治体議会には規模の大小はあるものの、議場には傍聴席が設けられており、住民が本会議を傍聴することは日常的に行われています。地方自治法115条において議会の会議を公開することが定められており、会議は公開することが原則です。ここでいう会議とは本会議のことを指しており、委員会には及ばないといわれています。そのため、無条件で常任委員会を傍聴できる議会は全国で64％(※)しかありません。ある議会では無条件で委員会を傍聴できないため、冒頭、委員長から各委員に「傍聴を許可していいか」諮り、その上で入場させていました。会議公開の原則が委員会に及んでいないためとのことでした。

　しかし、地方自治法では傍聴に関する規則は各議会で定めることとなっています。委員会に関する傍聴のルールを定めればいいだけのことですので、委員会の傍聴を毎回許可しているのであれば、わざわざ毎回委員に諮ってから傍聴希望者を入場させるような仰々しい取扱いは見直すべきではないでしょうか。なお、当然にして出席議員の3分の2以上の多数で秘密会の開催を議決したときは、報道関係者を含めた傍聴者は退場することとなります。

（※）　早稲田大学マニフェスト研究所「議会改革度調査2016」

誰でも傍聴できる？

　傍聴に関する細かい決めごとは各議会の傍聴規則によって定められています。基本的には誰でも傍聴ができますので、「『○○議会の通信簿』を発行している編集長は悪口ばかり書くため傍聴席出入り禁止！」というわけにはいかないのです。ただし、フリーパスで傍聴席に入れるわけはなく、酒を飲んでいる人や危険なものを持っている人は入場できません。また、傍聴席において会議の妨げになるような行為をした者は、議長が注意をしてもなおやめない場合、退場させることができるとされています。ただし一発退場はできませんので、必ず議長が一度は注意をする必要があります。もしも、退場させられた人が同じ会議に再入場してきた場合はどのように取り扱うのでしょうか。標準市議会傍聴規則では「会議を妨害し又は人に迷惑を及ぼすと認められる者」は入場できないとあり、これに該当するものとは思いますが、その適用に当たっては混乱することが予想されます。本人から「もう妨害しません」との言葉があった場合「いやいや、うそでしょ？」と言い切れるでしょうか。「もう一回議場に入れろー！　ふざけるなぁぁ」と暴れてくれていれば客観的にも分かりやすいのですが。そのため、退場させられた人が当日再入場できないよう、傍聴規則で定めている議会もあります（宮城県石巻市議会など）。

　なお、除斥された議員が傍聴することは特に定めがなければ禁止することはできませんが、傍聴席にいては除斥の意味がないので、退場してもらうことが望ましいと思います。事前に取扱いを定めておくとよいでしょう。

子どもは議会に入れない？

　ほとんどの議会では、小学生以下の子どもの傍聴を認めていません。しかし、保育園問題など子育て関係の請願等が出た際に、子連れの保護者が傍聴に訪れることがあります。傍聴規則にのっとって、子どもの傍聴を断るという対応をとる議会もあると思いますが、子育てに理解のない議長（委員長）だと住民に思われかねません。標準市議会傍聴規則を見ると、ただし書で「議長の許可を得た場合はこの限りでない」とあり、議長（委員長）が許可すれば子どもの入場も可能になります。

　以前、子どもが保育園に入れない保護者が全国の議会に請願を出したことがありました。赤ちゃんや幼児を連れた保護者が多く傍聴に訪れることが予想できたときは、事前に議長や委員長に伺いを出しておき、「泣き出したり騒ぎ出したりしたら一度退場してください」とお願いをした上で入場を許可しました。保護者がいない場合はともかく、保護者がいれば子どもが傍聴席に入ることはそんなに大きな問題にはなりません。

　また、最近の議会では、議場の改修時に親子傍聴室を設置する議会も増えています。ガラス張りの防音設備を完備した個室になったりしており、多少騒いでも他の傍聴者に迷惑がかからないようになっています。ただ、稼働率という点ではなかなか苦戦しているようです。

傍聴規則が古めかしいのはなぜ？

　議会事務局に異動してきた「職員あるある」で、傍聴規則を見て笑ってしまったというものがあります。傍聴席に入ることができない者、傍聴人の守るべき事項として「異様な服装をしている者」、「笛、ラッパ、太鼓その他楽

器の類を持っている者」、「談論し、放歌し、高笑しその他騒ぎたてないこと」、「帽子、外とう、えり巻の類を着用しないこと」など、なかなか普段お目にかからない単語が並んでいます。全国市議会議長会が示している標準市議会傍聴規則でこのように定められているため、そのまま各議会でも定められています。

さて、傍聴規則を見て何か感じませんか？　多くの議会では議会改革の大号令の下、議会に関心を持ってもらう、傍聴数を増やすことを目的として様々な試みを行っていることと思います。しかし、多くの議会の傍聴規則からはそのような意図は感じられません。もっといえば、傍聴規則には、身分を明らかにするなど、禁止事項が非常に多く、まるで傍聴者を信用していない条文が並んでいます。

実は、「傍聴規則」の前身は「傍聴人取締規則」という名称でした。例えば、東京都品川区議会では、1968（昭和43）年にやっと傍聴人取締規則から傍聴規則に改正され、名称が変更されています。しかし傍聴規則となっても、内容は取締り感が強く感じられるものとなっており、今日までそれが継続しているのが各地の傍聴規則の正体です。なお、現在でも傍聴人取締規則という名称を用いている自治体も、少数ですが存在しています。安保闘争の時代であればともかく、現代議会においては合わなくなっている条文が多いように思われます。

新しい傍聴対応の動きって？

先に述べたとおり、傍聴規則を見る限り、傍聴者が歓迎されているムードではありません。しかし、議会の住民参加の入口に当たる傍聴ですので、もう少し敷居を下げるべきではないでしょうか。

議会改革を行っている議会では傍聴改革に関しても力を入れ始めています。

例えば、「傍聴券の廃止（傍聴人名簿の記載なし）」、「自由な録音・撮影の許可」、「パソコンの持込み」などの取組が挙げられます。裁判所の傍聴でも住所や名前の記載は必要ないのですから、傍聴人名簿の記入廃止などは手をつけやすいのではないでしょうか。完全なフリーでの入退場が望ましいのはいうまでもありませんが、事務局的には傍聴人数と再入場者の把握をしたいという思惑もあることから、傍聴券の交付は現段階では残しておきたいところです。撮影やパソコンの持込みについても、インターネットで議会中継を行っている議会が半数以上(※)あることから、それを拒否する理由は乏しくなっているのではないでしょうか。あまりにも激しくキーボードをたたく傍聴者がいたら、議長が注意すればよいのです。

傍聴改革は議会改革のメニューの中では比較的地味に感じられますが、予算がかからず、それでいてほとんどの住民が改革の効果を直接的に受けられるものになりますので、費用対効果は大変高いものと思います。

(※) 全国市議会議長会「平成30年度市議会の活動に関する実態調査結果（平成29年1月1日～12月31日）」（平成30年11月）。

傍聴席から議員はどのように見える？

皆さんは傍聴席に座ったことがあるでしょうか？　意外と傍聴席に入ったことがない議員は多く、また実際の会議中は議場にいますので、傍聴席から議員がどのように見えるのか分かりにくいものです。

議会事務局にいると、会議中に傍聴席に入ることもありますし、また傍聴者から様々な苦言をいただくことがあります。よくある苦情が、議員が「寝ていた」、「他人の質問などを全然聞いていない」、「スマホでゲームをしていた」、「メールをしていた」、「サンダルを履いていて見苦しい」などです。とはいえ、当の議員はそこまで見られているとは思ってもいないようで、その

ことを伝えるとびっくりしたりもしています。

　傍聴席からは、議員が思っている以上に何をしているのかがよく見えます。こそこそと隠れて何かをやっていれば、傍聴席からはすぐに分かってしまうのです。教壇に立っている学校の先生からは、生徒がこそこそとやっていることは、実はとてもよく見えているのと同じくらい、バレバレなのです。意外と住民は見ていますので、ご注意ください。

第3章 議会の開会中

8 議会中継

インターネット議会中継は必要？

　傍聴者を増やすための試みのひとつとして、夜間議会や休日議会を開いている議会がありましたが、年々少しずつその数が減ってきています。「始めた当初はマスコミにも取り上げられたりして、多くの住民が傍聴に来てくれたけど、物珍しさがなくなってきて傍聴者数が減少してきた」という話も聞きます。また、関係する職員の超過勤務手当の問題等もあり、あまり広がりを見せませんでした。

　代わって増加しているのが、インターネット議会中継の導入です。「いつでも」、「どこでも」見ることができるので、平日は議会を傍聴できない住民にも議会を見る機会を提供できるとして、多くの議会で採用されています。しかし、議会中継を行うには少なからず予算がかかります。また、中継や録画配信を行う職員の負担増もあることから導入に慎重な意見もあります。とはいえ、今や朝の連続テレビ小説でさえインターネットでの配信を行っており、夜でも「朝の連続テレビ小説」が楽しめる時代です。特に若い世代の場合、動画配信サービスに慣れ親しんでおり、「見たいときに見る」というライフスタイルが定着しています。もしも傍聴者数を増やしたい、議会に触れてほしいと考えているのであれば、インターネット議会中継（録画配信）は非常に有用なツールとして作用するものです。あとは、そこに入れるソフトをどう魅力的なものにするのかが、腕の見せどころです。ただし、実際に議会中継を行い一定の視聴者を得ることができたので「傍聴機会の拡大を行った効果だ」と喜んでアクセス記録を調べたら、実は大半は当該自治体職員か

らのアクセスだったなんて笑い話もありますので、ご注意を。

議会中継を行う方法はどんなものがある？

　全国市議会議長会の調査によると、インターネットによる本会議の中継は509市、録画での配信は656市で行われています[※]。中継システムは導入コストが高いため、庁舎の新築や改築などを機会に導入する議会が多いようです。専用システムのため、カメラ位置なども細かく設定でき、質問している議員名のテロップなどを入れることができます。休憩中の画像や音声の切替えなどの操作もスムーズに行えます。また、議会中継システムと会議録システムを連動させて、会議録の発言部分の映像と音声を見ることができるシステムもあります。しかし、どの議会も潤沢な予算をもとに大規模な改修ができるわけではありません。そこで登場するのが、YouTube（ユーチューブ）などの無料の動画配信サイトです。配信する際の大きな障害であったコストの問題について、これらの動画配信サイトを活用することにより解決でき、議会中継を実現した議会が増えています。数万円のカメラをパソコンにつなぐことで、インターネット中継が可能になります。

[※]　全国市議会議長会「平成30年度市議会の活動に関する実態調査結果（平成29年1月1日〜12月31日）」（平成30年11月）

不適切発言があった場合、中継配信はどうなる？

　リアルタイムで中継されている場合、不適切な発言や行為などは基本的に全て配信されます。しかし、多くの議会では録画配信もしています。録画配信では、不適切な発言や発言の取消しなどがあった場合、どのように対応す

るのでしょうか。

　通常、インターネット中継における発言は、正式な記録ではない旨が明記されており、そこで配信された発言内容がそのまま会議録に載ることはありません。そのため、不適切発言等があった場合、どのような配信方法にするかは各議会で様々です。「正式な発言ではない」旨を明記しているので、何も手を加えずそのまま配信している議会もあれば、不適切発言部分の音声を消している議会もあります。音声を消す作業が大変なため、あまりにもひどい発言の場合のみ音声を消す対応をするという議会もあります。また、無料動画配信サイトで録画配信をしている議会では、不適切発言だけを切り取ることが技術的に大変なため、その会議の配信自体を取りやめたなんてこともありました。このように録画配信については様々な対応が考えられるため、導入前に決定しておいた方が後々になってもめないと思います。

傍聴者から「自分を映すな」とクレームがあったのですが……

　インターネット中継を行っていると、カメラのアングルによっては傍聴席が映ることがあります。そのため、傍聴者から「中継に映りたくない」とクレームがくることがあります。傍聴席を映す必要はありませんので、傍聴席が映らないようにカメラのアングルを決定するのが原則です。しかし、どうやっても傍聴席の一部が映り込んでしまうことがあります。そのため、傍聴の案内をする際に注意をしたり、映り込んでしまう席については、それが分かるように表示したりするなどの配慮が絶対に必要です。後から傍聴者にモザイク処理等を行うという考えは、その手間を考えるとあまり現実的ではありません。

9 100条委員会

100条委員会ってどんな委員会？

「今年は100条委員会設置のニュースが多いよね。選挙が近いからだな」。物知り顔でそういう議員もいますが、意外に実態が分からないのが100条委員会です。

100条委員会というのは、地方自治法100条1項の調査権を任された委員会をいいます。衆議院や参議院には国政調査権というものがあり、ときには証人喚問が行われます。それの自治体議会版といえるのが100条委員会です。地方自治法100条1項には、議会は当該普通地方公共団体の事務に関する調査をすることができるとあり、「調査を行うため特に必要があると認めるときは、選挙人その他の関係人の出頭及び証言並びに記録の提出を請求することができる」と規定されています。条文上、調査権は議会にありますが、実際は委員会中心主義をとっている議会が多いことから、あらかじめ委員会に100条1項の調査権限を委任する議決をして権限を行使させます。権限を委任する委員会は議会運営委員会でも常任委員会でも特別委員会でも構いません。特別委員会の場合には「○○に関する調査特別委員会」といった受け皿となる特別委員会を設置しておき、その委員会に100条1項の調査権を委任する場合が多いです。もうお分かりですね。100条委員会というのは、「3丁目のコンビニ」的な通称で、正式な委員会の名称ではありません。また、100条1項に基づく調査権限を100条調査権というのも、これまた通称といえるでしょう。

第3章　議会の開会中

 ### 100条委員会運営の注意点は？

　100条委員会は証人を出頭させ、証言を求めることができます。また、記録の提出を求めることもできます。正当な理由なくこれを拒否した場合には、罰則が科せられることもあります。このように強い権限があることから、ときには、誤った利用を考える議員も生まれます。「100条委員会を使って政敵を追い落とそう」とか「対立する首長のゴシップを100条委員会で取り上げよう」などです。

　しかし、100条委員会はそんな政治的な利用はできません。100条調査権は議会が本来の役割を果たす上で、しかも必要な範囲内で与えられた権限なのです。条例を制定するために必要だとか、予算の審議のための必要であるだとか、行政監視のための範囲で「当該普通地方公共団体の事務に関する調査」を行うのが筋というものです。必要があれば、その自治体の職員はもちろん、首長や議員も関係人として証人尋問（民事訴訟法の用語だと「証人尋問」と表現されているので、以下、証人尋問といいます。）することは可能ですが、濫用を許さない趣旨で「当該調査を行うため特に必要があると認めるときは」と条文で念押しされています。また、調査事項についても「〇市長の就任後の行政執行について」のような漠然としたものとはできません。強い権限だからこそ、法の趣旨に従って限定的な使い方をしなければならないのです。

 ### 不出頭者への取扱いは？

　地方自治法100条3項には「出頭又は記録の提出の請求を受けた選挙人その他の関係人が、正当の理由がないのに、議会に出頭せず若しくは記録を提

出しないとき又は証言を拒んだときは、6箇月以下の禁錮又は10万円以下の罰金に処する」とあります。任意の参考人とは違い、基本的に出頭しなければならないのが100条委員会の証人です。問題となるのが証人の不出頭に「正当な理由」があるかどうかです。証人として出頭を求めた途端、急に入院してしまうといった場合もありがちです。医師の診断書が出ていると議会として受け入れざるを得ない場合もあるでしょうが、正当な理由がないと議会が判断すれば告発することになります。告発というのは捜査機関に犯罪と思われることを伝えて処罰を求めることです。この場合には、地方検察庁の検事正宛てに告発書を提出します。告発を受けて検察官が刑事裁判を求めた場合（これを「公訴提起」とか「起訴」といいます。）、最終的に正当な理由があるかどうかを裁判官が判断することになります。

宣誓の方法は？　偽証への取扱いは？

「良心に従って真実を述べ何事もかくさず、また何事も付け加えないことを誓います」。証人喚問はこんな宣誓から始まります。民事訴訟法の証人に関する手続が100条委員会での証人にも準用（地方自治法100条2項）されるからです。委員会室にいる全員が立ち上がり、その宣誓を聞きます。厳粛な雰囲気の中での尋問のスタートです。

宣誓に先立ち、委員長から「これから宣誓をしてもらいますが、宣誓をした上で、虚偽の陳述をすると、3か月以上5年以下の禁錮に処せられることがあるので注意してください」と告げられます。偽証は議会の調査権を侵す罪として告発の対象となります。問題なのは、事実と異なっていると偽証となるのか（客観説）、自分の記憶と異なることを陳述すれば偽証となるのか（主観説）です。判例は主観説をとっています。

議会によっては、ささいなことについて陳述が事実と異なるとして偽証の

告発を濫発する例も見られます。こうした場合には起訴されないことが多く、いわゆる告発が不発に終わります。地方自治法100条9項では、偽証と認めたときには「告発しなければならない」的な書き方をしていますが、むやみに告発するのは議会の信頼に関わる問題でもあり、気をつけたいところです。

 証人尋問に当たって注意することは？

100条委員会の証人尋問のルールは「民事訴訟に関する法令の規定中証人の訊問に関する規定」が準用されます。そのため、民事訴訟規則115条2項で禁止される質問方法も証人尋問では認められません。「あんた人として恥ずかしくないんか？」。もし、そんな尋問をしたとしたら、証人を侮辱するという面でも、事実ではなく意見の陳述を求める質問をしたという点でも、ルール違反となります。また、尋問を効果的に行うという点からも、「質問は、できる限り、個別的かつ具体的にしなければならない」（同条1項）とされています。「あなたとこの件との関わり方について聞かせてください」などと尋ねられても、どこから話すべきか証人も困ってしまいます。

証人は、宣誓した以上、どんなことも話さなければならないかといえばそんなことはありません。証人自身や配偶者などが刑事訴追を受けたり、有罪になる可能性がある場合にはもちろん証言を拒絶することができます。また、公務員や公務員であった者は職務上の秘密に当たるとして証言を拒否することもできます。ただ、その官公署の承認があれば証言をしなければなりません。

調査報告書はどう作成すればいい？

　風呂敷は広げるより、畳むのが難しいものです。100条委員会でも証人を呼んだり、記録の提出を求めたりしているうちに、だんだんと調査するポイントが広がってきます。また、議会（議員）が想定していたような証言などが得られないと、さらに証人の数を増やして尋問を続けたくなりますが、どこかで調査を終えて、調査報告書を作成しなければなりません。

　調査報告書は、調査の趣旨やこれまでの委員会の開催状況などを記載することはもちろんですが、重要なのが調査の結果の部分です。行政執行の問題点についてなら、「行政としてどうすべきであったか」という指摘をしなければなりません。議会として、どのような問題があり、どのようにすれば適正なものとすることができたのか、その調査結果が述べられていなければ意味がないのです。

　調査報告書は委員会として作成し、議決します。そして議長に提出されます。調査報告書は、委員長が頑張って原案を作成し、委員の意見を取り入れながら最終案をつくってゆくことが多いように思います。委員全員で最初からつくることは効率的ではありません。こんなときに頼りにしたいのが議会事務局ですが、開催状況などの経緯などの事実の部分はともかく、調査結果の部分はとても事務方で書ける内容ではありません。そうした意味でも、委員長はとても大変です。

　100条委員会が実りあるものだったかどうかは、調査報告書の内容にかかっているといえます。100条委員会は、設置自体がニュースになることも多いですが、報告書の内容が注目され、ニュースに取り上げられるような100条委員会にしたいものです。

> Column

理事者の苦悩

　「理事者」という言葉をご存じですか。議会で答弁する首長や管理職のことを示す業界用語で、例えば会議中などに「理事者から説明を聴取いたします」のように使われます。

　その理事者が、議員から質問を受けても誰も答弁を始めず、しばらく沈黙が続くことがありませんか。大きな方向性についての質問に答弁すべきは課長か部長か、はたまた首長か、あるいは複数の部署に関係する質問に答弁すべきはＡ部かＢ部か、そんな迷いから関係者が互いの顔を見合わせてしまうのです。

　いざ、答弁するとなって困るのが「手元に資料がない」ときです。必要な資料は持って会議に臨むべきなのは正論ですが、理事者の担当業務は多岐にわたり、それぞれに予算・決算の細かな内訳やその数年間のデータ、事業実績や関係者の情報など全ての資料を持ち込み、瞬時に引っ張り出して即答できる人はそうはいません。

　そして、いざ答弁を始めれば、その内容に不満げな議員だけでなく首長の厳しい視線まで感じたり、会議後に上司から「あの答弁はなんだ！」と怒られたりすることもあるようです。

　議会が終わると、打ち上げでパーッと飲みたくなる理事者の方々の気持ちも分かります。

　ところで、理事者にとって議会への出席は大切な業務である一方、この間に来庁した住民や発生した事態には直接対応できません。国会で首相の出席の要否が議論されているように、自治体議会への理事者の出席がどこまで必要かも考えてみていいのかもしれません。

第4章

議会の閉会中

1 政務活動費 ……………………………… 133
2 視察 ……………………………………… 139
3 議会広報 ………………………………… 144
4 会議録 …………………………………… 152

本番はもちろん、本番前も本番後も大事

　自治体の議会と議員は、会期中だけが仕事ではありません。

　もちろん会期中の本会議や委員会などが議員としての仕事のメインですが、それらが開かれていない期間も実は同じくらい大事な期間です。閉会中だからこそやるべき仕事は沢山あります。

　例えば、住民のご自宅のほとんどには、議会報が配布されていますね。議会報は通常、直前に行われた議会のようすを主に伝えるためのものですから、議会が閉会された後に発行されます。「読んでない」という住民も、残念ながら結構な数いるかもしれません。今の議会報が読みたくなるものかという問題はあるとしても、そもそも、議会報は誰が主体となって制作するものでしょうか。新聞は新聞社、週刊誌は出版社。では、議会報は？　住民にもっと読んでもらえるようにするために工夫するとしたら、誰がするべきものでしょうか？　それを突き詰めていくと、閉会中に議会がすべきことのひとつが見えてくるかもしれません。

　さらに、ペーパーレス化が進む、今時の広報媒体としては、議会報のような紙の印刷物だけでなく、どこの自治体議会にもホームページがあり、中にはツイッターやフェイスブックのアカウントをもっている議会もあります。議会公式のアカウントだけでなく、政党や議員個人でアカウントを取得して活用しているケースも多いでしょう。そういった広報媒体の更新では、議会の会期中だけでなく、閉会中にもいろいろな出来事や主張を伝えているはずで、それらもまた議員だからこその活動といえます。

　また、自治体議会には会議録があります。議会で話し合われた議論の経緯、会議の中身を、次の会議、ひいては後世に残していくためのものです。このように会議録は出席者の発言を永久に残していくために重要な文書であり、

その作成は議会閉会後には欠かせない作業です。

■ 開会「前」の活動もお忘れなく

　議会報の制作やホームページの更新、会議録の作成など、主に閉会「後」を中心としたものをご紹介してきましたが、閉会中の仕事はそれだけではありません。もうひとつ大事な仕事として、開会「前」を中心とした活動があります。

　議会が開かれて会期が始まってから、議題となっている条例などの調査・分析をするのは当然としても、それでは「このページ、試験に出るよー」と先生にあらかじめいわれた箇所を試験期間中に勉強しているようなもので、十分に対応しているとはいえません。自治体が行っている事務、抱えている課題は様々で、福祉、教育、まちづくり、産業などと幅広く、しかも同じ自治体でも地域によって異なります。事件は、議事堂でも委員会室でもなく、まちの現場で起こっています。ですから、議会が始まる「前」の閉会中にこそ、現場に行って、実態を見て、まちの人から生の声を聞き取る必要があります。それに加えて、他の自治体の状況を視察したり、政務活動費を使って研修を受けたり、専門書を読んだりする必要もあります。つまり、会期中に限らず普段からの学習が必要なのです。

■ 閉会中の過ごし方を見直そう

　ところで、議会の会期中に行う、条例などの議決の方法については法令でいろいろと決められているのに対して、広報、視察、政務活動費などについては、法律で決められていることは必ずしも多くありません。何をしてもいいわけではなく、暗黙のルールやルールとまではいえないけれども配慮した方がいいことはあります。

　特に、議員の視察や政務活動費に関するトピックは、議員の不祥事としてよくメディアなどで取り上げられているのをご存知の方も多いでしょう。

第4章　議会の閉会中

　視察は、行きたいところはどこでも行けるのか、好きな電車に乗れるのか、地元のおいしい料理を食べてもいいのか。これらはプライベートな旅行であればほとんど自由ですが、公務で行く視察には法律的・道義的にいろいろな制約が伴います。

　かつて某議員が号泣して注目を集めた政務活動費の不正も、無駄遣いがいけないのは当然だとしても、何が無駄遣いとして問題視されるか、そのポイントをおさえておきましょう。不祥事を起こしてはいけないというのは誰もが思うことでしょう。政務活動費とはどんなもので、何をしたらいけないのか、常識で判断できると思うかもしれません。でも、常識は人や立場によっても違うもの。100円ショップを愛用する庶民と超高級店しか行かないセレブでは金銭感覚も異なるように、どんなことがお金の無駄遣いかというのは実は結構難しい判断です。例えば煙草を吸わない筆者にとっては毎日何箱も吸っているヘビースモーカーの煙草代は考えられない無駄遣いですが、愛煙家にとっては生活に欠かせない当然の支出でしょう。

　このように、議会にとっては、会期中の本番が大事なように、本番前も本番後も大事です。ＰＤＣＡサイクルのように、議会も、会議に臨む前に必要なこと、終えた後に必要なことがあり、それらにもきちんと取り組んで初めて本番でも活躍できるようになります。スポーツ選手は試合だけをしていればいいわけではなく、普段の練習や試合後の振り返りが必要なのと同じです。

　この章では、主に閉会中に抱くであろう悩みや疑問点を中心にＱ＆Ａを通して解説していきます。

1 政務活動費

政務活動費って、そもそも何ですか？

　政務活動費とは、自治体議員の調査研究その他の活動のため、必要な経費の一部として交付されるお金のことです（地方自治法100条14項）。以前は「政務調査費（略称：政調費）」といわれていたものが、2012（平成24）年の法改正によって「政務活動費」に変わり、略称は「政活費」となりました。議会内で「セイカツヒで出せる？」という会話がされていたら、「政務活動費で支出していい経費ですか？」という意味です。「生活費」と勘違いしないでくださいね。

　冗談はさておき、政務活動費が以前の政務調査費と違う点は、それまでの政務調査費が「調査研究」のためだったのが、「調査研究その他の活動」とされたことです。「その他の活動」の例としては、陳情活動や市民相談活動のための経費が挙げられます。教科書的な説明はこんなものですが、実態としては、政務調査費が政務活動費に変わってもほとんど変化はありません。多くの自治体議会の政務活動費は必ずしも高額ではないので、従来の政務調査費が対象とする範囲内で使い切ってしまうことなどが理由のようです。

政務活動費は必要？

　2016（平成28）年に富山市議会における政務活動費の不正受給が大きく取り上げられ、その後全国の議会で政務活動費の不適切な取扱いが次々と判明

し、「議員と金」にまつわる批判が再燃しました。「政務活動費は第二の報酬であり、さらにほかにも住民にいえないお金をもらっているのではないか」と疑念の目を向けられたのです。政務活動費の本来の目的や必要性についてはほとんど取り上げられることがなく、「政務活動費＝悪」という認識を助長するような報道は今でも多くなされています。

　実際には、約8割の市では政務活動費の月額は5万円未満となっており[※]、わざわざ領収書を改ざんして裏金をつくろうとするような額ではないのではないかと思います。サラリーマンであれば会社から支給される出張の交通費や宿泊代、各種セミナーの参加費などの必要経費を政務活動費から支出してしまえば、あっという間になくなってしまう金額です。メディアによる議員たたきの報道の影響も大きくありますが、議員自身がその説明を怠っていたこともひとつの原因として、政務活動費に対する住民の理解はあまり得られていません。

　富山市議会での不正の原因のひとつとして、政務活動費の領収書を公開していなかったことが挙げられます。昨今、多くの議会で議会基本条例が制定され、領収書の公開を義務付けています。インターネット上に公開されると考えれば、領収書の偽造やグレーな支出などに対し、自己抑制がかかります。また、議会事務局でも緊張感を持ってチェックをするようになります。隠すから痛くもない腹を探られるのです。

（※）　政務活動費を交付している市のうち、79.5％が5万円未満となっています（全国市議会議長会「平成30年度市議会の活動に関する実態調査結果（平成29年1月1日〜12月31日）」（平成30年11月）。

議会事務局が「いい」って言ったら、政務活動費で支払っていい？

　自治体議員の皆さんが一番聞きたいのは、「これって政務活動費で支払っていいの？」ではないでしょうか。この後に続くセリフが、「議会事務局が『いい』って言えばいいんだよね？　何かあったら議会事務局の責任だよね？」だと困りものです。

　議会事務局は「いい」なんて簡単には言えません。議会事務局のチェックは支出に必要な領収書の添付がされているかなどの形式面が中心で、支出内容は是非が明らかなものしか指摘できないのです。法律上は、政務活動費の対象は「調査研究その他の活動」という抽象的なもので、それ以上は各自治体議会が条例や内規で定めることとなります。全国統一の具体的基準はなく、裁判例はあっても、それらは各自治体議会での条例の規定や運用の仕方などに結果が左右されます。裁判例などに基づき「これはマズイ」と指摘できることもありますが、同じような飲食費でも、支出できないとした判決もあれば、支出できるとした判決もあり、ケース・バイ・ケースです。

　事務局が何と言おうと、政務活動費というお金を実際に使うのは議員自身です。自分が使ったお金の説明を自分で行うのは当然のことです。また、支給される政務活動費の金額の根拠についても、「政務活動費を定めた条例は議員提出議案ではなく首長提案だし、金額は特別職報酬等審議会で決定したものだから、議員は全く関与していない」という説明では住民は納得しません。議員自身が自信を持って説明できる内容であるかをきちんと考え、その上で足りないということであれば、政務活動費の増額を求めることもあり得るのではないでしょうか。

政務活動費は使わない方がいい？

　政務活動費自体は必要だとしても、前述のように統一の具体的基準がないこともあって、これを使うことに慎重になる自治体議員も少なくないかと思います。「後でとやかく言われるくらいなら政務活動費は使わず、議員報酬から支出した方がいい。いっそのこと、政務活動費を減らして議員報酬を増やせないか」なんて話さえ出ることも。そんなこともあってか、議会によっては一部の議員が、政務活動費を使っていないことを「清廉潔白」の証しであるかのように掲げていることもあるようです。

　しかし、果たして、そうでしょうか。政務活動費は、自治体議員の調査研究その他の活動のため、必要な経費とされていますから、使っていなければ、調査研究その他の活動をしていないという解釈もできます。もちろん政務活動費を使う義務はありません。他のお金でも調査研究は行えますが、後ろめたい使い方でなければ政務活動費を使っていいのではないでしょうか。

　政務活動費で先進地の施策を調査して議会の質問で取り上げ、結果として執行機関が新しい施策に取り組むことになるといったように、議員としての功績につながることもあれば、不自然な支出を非難されて議員を辞職する羽目になることも。公費である以上、あるから使うのではなく有意義に使わねばなりませんし、一方で神経質になりすぎて自治体議員としての本来の活動に支障を及ぼすこともないようにしたいものです。

タブレットやカメラなどの備品を買うのに使ってもいい？

　ここまで「これに使ってもいいの？」という質問には明確に答えられない

と書いておきながら、あえてこの質問に答えるのには理由があります。政務活動費の使途といえば、視察の交通費、会派報の作成費、会議や研修の参加費などが挙げられますが、これらとタブレットなどの備品の購入費が大きく違う点がひとつあるのです。

　それは、買ったモノがずっと手元に残ること。交通費や参加費はそのときだけですし、会派報は配ればなくなるのに対し、タブレットやカメラは一度買ったら自分の手元に残って使い続けられます。そんな備品を買った議員が、議員を辞めた場合、あるいは会派を変更した場合に問題が生じてくるのです。引退する議員が辞める直前に政務活動費でパソコンを買って、そのまま自宅で私物にしてしまえば、まず問題視されるでしょう。

　このため、備品の購入を普通に認めている議会もあれば、慎重な姿勢をとる議会もあります。何人かで構成する会派で共有するために備品を買ったものの、その後に会派が分かれた場合に、その備品は誰のものになるかなど、起こり得る事態を想定して各自治体議会で運用をあらかじめ決めておいた方がよいでしょう。

領収書はホームページで公表した方がいい？

　一部の自治体議会では、政務活動費に関係する１円以上の領収書を全てホームページで公表しているところもあり、これが先進的だと話題にされたりしています。

　隠すような内容じゃなければ公表した方がいいに決まっているかというと、そう単純でもありません。議会図書室などで領収書を閲覧できるようにするため、全てのコピーをとるだけでも実は相当な事務量です。それが事務局職員の本来業務だといわれればそれまでですし、何らかの形で領収書を公表するのは情報公開の姿勢として行うべきでしょう。しかし、様々な大量の領収

書を誰が電子データ化し、どこのサーバを使って公表するか、それらにかかる経費がどれほどになるか。ホームページでまで公表するのは手間だけでなく、そのためにサーバを維持する費用も発生します。

　領収書の一枚一枚に書かれた矛盾点を見つけ出し、正していこうとする方の活動を否定するつもりは毛頭ありませんし、そのために領収書を閲覧できるようにすることは必要でしょう。問題は、１円以上の領収書を全てホームページに掲載することがベストかどうかです。住民にとって必要な情報は、むしろ各議員がどんな活動をしているかではないでしょうか。具体的な使途の項目別の一覧表や、政務活動費を使った結果、どんな効果があったのかが分かるような、視察やアンケート調査の報告書などの公表も検討したいところです。

2 視察

視察の時期は決まっている？

　視察は、決められた手続さえ踏めば、いつ行っても構いませんが、定例会で予算案や条例案を審議している途中で視察に行くということはほとんどなく、定例会と定例会の間に行くのが普通です。東京都墨田区議会が他都市の議会の視察を受け入れた実績を見てみると、7月、8月、10月、11月が多いようです。ただ、7月や8月の視察は昨今の猛暑のせいもあって、一部の議員には不評だったりもします。

　このように定例会の会期や地域の重要な行事日程の都合上、視察に行ける時期は偏りがちなもの。すると、ちょっと困ったことが起こります。自分の議会の視察日程と定例会の会期が同じ都市は、ほぼ毎年、日程が重なって視察先の候補から外れてしまうのです。また、いつも同じ時期にしか視察に行かないでいると、それ以外の時期を中心に行われている他都市の季節的な取組や行事の現地視察もできません。

行きたい視察先は、どこでも行ける？

　議員の皆さんの合意が得られていればどこでも行けるかというと、そうはいきません。まず、「視察」に適した内容であることが必要です。視察は前述のように自治体の施策に役立つだろう現場に調査に行くものですから、例えば米軍基地や原発などは一部の自治体にとっては切実だとしても、直接関

係しない自治体が視察すべきものかは疑問が生じます。また、委員会視察は、その委員会が所管する内容でなければなりませんから、観光分野を所管しない委員会が観光施設を調査するといったことは原則としてできません。

ちなみに、「どこでもいいから事務局に任せる」とか「北海道で、いい場所を見つけて」など、大ざっぱな依頼を事務局にしてくる議員もいるようですが、本来の目的を考えれば、「○○を調べたい」というテーマなどは議員から事務局に積極的に提示したいところです。

 災害が起きそうなときは、どうする？

例えば視察先に台風が来そうなときは、交通事情だけでなく受入れ先の状況も確認しなければなりません。その後も状況が変わる可能性はあるので、こまめなチェックが必要です。

逆に地元の自治体に台風が来そうなときは、どうでしょう。電車などが予定どおり出発するか心配かもしれませんが、それ以前に、台風が来ているときに議員が地元を留守にしていいのかという問題があります。こんなときの対応をあらかじめ明確に決めている議会はあまりなく、臨機応変に視察の必要性と起こり得る災害の重要性とを比べて、委員長などが視察を中止すべきかどうかの判断をしているようです。また、いくつかの委員会が同時に視察に行く場合、委員会ごとに対応が違うわけにいかないので調整も必要となるでしょう。

ところで、皆さんの議会では委員会視察を全ての委員会が同時に行っていませんか。全議員が地元に不在だと、その間に緊急事態が起きても誰も対応できません。このため、各委員会の視察日程をずらし、必ず何人かは地元にいるようにしている議会が多いようです。

飛行機やタクシーなどの交通手段は自由に選べる？

　いわゆる公費を使う視察では、交通手段は各自治体の基準に従うことが必要です。都内のある自治体では飛行機の利用は北海道又は九州以南を原則としていて、基準を厳守すると一般的には考えられない不便な行き方になります。また、タクシーを利用できるのは、タクシーでしか移動できない場所だけです。「荷物が重い」「とても疲れてしまった」などの理由でタクシーを使うことも実態としてありますが、その場合は私費で支払います。勝手にタクシーを捕まえて乗ると、随行している職員が慌てふためくことになるでしょう。

　ところで、委員会視察などは基本的に全員同じルートで移動します。視察先が実家に近いから自分だけ実家に寄ってから帰るといった別行動は難しいと考えた方がいいでしょう。事故に遭った場合の補償の問題もあり、行きも帰りも決められたルートでの移動が基本となります。学校の先生が「家に帰るまでが遠足です」と注意するのと似ていますね。

視察中にSNSで発信していい？

　視察の報告を議員個人のFacebook（フェイスブック）などのSNSで発信することは、広報活動として評価されていいことですが、やり方や中身によっては問題が起こり得ます。

　ある議会では「視察中にSNSの発信をしていいか」が議論になりました。本会議などの会議中に「ただいま審議中です」と発信するのがまずいのは想像がつくでしょうが、視察先ではどうでしょう。現地を案内してもらっているとき、写真を撮影してリアルタイムで発信することは、審議中の発信と同

じだともいえます。でも、地元に帰ってから発信するのではSNSならではのライブ感は損なわれてしまうかもしれません。各議会の取決めに注意しつつ判断することとなります。

また、SNSで発信する内容にも気をつけたいところです。旅のお知らせといった感覚で観光地やグルメの画像などを掲載すると、「議員の視察は観光旅行と同じだ」と誤解が広がるばかり。真面目に調査をしに行っていることが分かる内容にすることをお勧めします。

会派視察の幹事役を任されたけれど、どうすればいい？

事務局職員が随行する委員会視察とは違い、会派視察では新人議員が幹事役を任されてそれらを行うのが一般的です。主な仕事は視察先の選定、電車・宿・店などの予約や支払い、写真撮影や報告書の作成などで、議会によっては、これらの仕事の一部を事務局が行うこともあります。

幹事役として注意が必要なのは支払いです。領収書をもらっていないとか捨ててしまったとかは論外ですし、宛名や金額が間違っていると政務活動費からの支出ができなくなります。公開される支出関係の書類などは、誤りや不自然さがあると大きな問題に発展しかねません。

そのほか、視察先への手土産は、メロンなど切り分けねばならないものより個別包装のものの方が受け取った側が関係者に配りやすいといった細かい配慮もあります。

ここには書ききれない様々なノウハウを事務局が教えてくれるので、気軽に相談してみましょう。

批判を受けない視察とは？

　議員が行く視察については「視察という名の観光旅行ではないのか」との住民の根強い疑念があります。「視察報告書がインターネットからのコピー＆ペーストだけでできていた」とか「夜の宴会に呼んだコンパニオン代を政務活動費から支出していた」など視察に絡む不祥事は枚挙にいとまがありません。

　本当に視察が観光旅行化しているのかどうかについてはここでは触れませんが、視察内容と視察報告書についてはきちんとしておく必要があります。例えば、規模が全く違う自治体の再開発計画を視察しに行くことが、本当にその自治体の役に立つのでしょうか。また、「○○という施設に行きたい」がために、どう見てもその常任委員会の管轄外であるにもかかわらず、無理に理由をこじつけて視察してしまうこともあります。行きたい場所を先に決めてしまい、その後、視察できそうな事業を行っている自治体を探すという方法では、どこかで不具合が生じてしまうものです。

　また、視察の報告書は意外と見る人がいるので、普段からきちんとしておかないと何かあったときに足元をすくわれかねません。実際「議員の視察報告書を見たい」と議会事務局に来る住民は一定数いるのです。インターネットで事前に調べた内容を一部引用するのは問題ありませんが、ほとんどがコピー＆ペーストだったりすると「わざわざ視察しなくてもインターネットで調べるだけで十分だったのではないか」と視察の意義を全否定されかねません。必要な視察まで疑われてはかないませんので、少なくとも目をつけられやすい部分についてはきちんとしておく必要があります。

第 4 章　議会の閉会中

3　議会広報

議会報の原稿は誰が書く？

　自治体議会の広報紙、いわゆる「議会報」は、多くの自治体議会では、議会事務局の職員が書いた原稿を、実際に発言した議員などが校正をしていますが、議員自身が原稿を書く議会もあります。

　原稿を書くのに際して議員の皆さんから多くある声が、「会議ではうまく言えなかったけれど、議会報の文章では真意に合うような表現に直したい」というものです。単純な言い間違いや専門用語の言い換えなら当然直せます。しかし、全く発言してない意見を長々書き加えたいと言ってきて、職員がびっくりさせられることもときにあるようです。会議録や録画映像と比べて間違い探しをするマニアックな住民はそういないでしょうが、実際には発言していないことを掲載したら広報としての信頼性が低下してしまいます。自分の考えを詳しく伝えたいという思いからだとしても、実際の発言を紹介する記事に手を加えすぎる修正はすべきではありません。

議会報に掲載する記事や写真に基準はある？

　議会報の記事の掲載基準は、多くの自治体議会に独自の取決めがあります。例えば、「一般質問」の掲載は、○面～△面に載せる、1人当たりの文字数は代表質問が◇字・その他の一般質問が□字とする、写真は1人当たり○枚にする、などなど。

多くの議員が一般質問をする議会だと1人の質問に使えるスペースは限られますが、決められた文字数を超えて「もっと自分の発言や背景説明を載せたい」という希望は多くの議員からあります。正確に知らせたいとしても、辞書のように文字でびっしり埋まった紙面を読みたいと思うでしょうか。一方、逆に読みやすくするために「もっと写真や余白を増やしたい」という要望もあります。それはそれでソフトな紙面になるでしょうが、肝心の発言内容をどこまで正確に伝えられるかが難問です。二者択一ではなく、それぞれの議会のバランス感覚で独自のスタイルを探っていくことになるのかと思います。

もっと目を引く写真を載せられない？

　堅苦しい文章ばかりになりがちな議会報に注目してもらうため、もっと目を引く写真を載せたいという声をよく聞きます。よく見かける「地域の風景や子どもの写真」は、議会に関心がない方にも議会報を手にしてもらえると評価される一方、ある議会では、審議内容と関係ない写真に貴重なスペースを費やすのが適切か問題にされ、「議場や視察など議会活動の写真」を掲載するように変更しました。

　ところで、議員の写真を掲載するに当たっては、事務局職員はとても気を使っています。特定の議員が目立ったり逆に写ってなかったりすると気を悪くする議員がいるからです。結局、関係者が全員写っているのが無難ということになり、委員会視察で写真を撮るとき、事務局職員はスロットの目押しをするみたいな気分になります。「フレーム内に全員入った！　シャッター・チャンス！」と思った瞬間、1人だけ出てしまってガッカリなんてことも。議員の皆さんは、「写真を撮られているな」と気づいたら全員が写りやすいように動いてくれると、事務局としては大いに助かります。

議員個人の活動を紹介する記事を載せてもいい？

　議会報や議会ホームページは、定例会の結果や視察の報告など議会活動についてお知らせするのが多いようです。ただ、一部の自治体議会では、本会議での発言のような議会活動に限らず、監査委員や附属機関（※）の委員としての活動から、果ては議員個人の日常の趣味まで掲載しているところもあります。「〇〇市議会が何をしたか、何をしようとしているかを知らせること」を重視するか、そこにこだわらず「どうやって議会に関心を持ってもらうか」を重視するかの違いなのかもしれません。

　いずれにしろ、年頭に掲載する挨拶文などで、自分が所属する政党の選挙に触れる文章を書こうとする議員もいるようですが、個人としての選挙活動まで混同すると、あらぬ誤解を受けることになりかねないので、それは控えることをお勧めします。

（※）　附属機関とは、首長の諮問などに応じて、調停・審査・調査をするために設置される審査会や審議会などのことです。この附属機関の委員の一部を自治体議員が務めていることがあります。

自分たちに都合の悪い記事も掲載しないとダメ？

　議員報酬や政務活動費の増額、議会の紛糾などを皆さんは議会報や議会ホームページに掲載していますか？　苦情が寄せられそうな記事は載せずに済ませたいとは思いますが、全く載せないのは疑問があります。新聞では、自社の不祥事は、どんなに小さい記事で目立たなくしていても一応は掲載されるものです。誰にとって都合がよいかではなく、できるだけ公平な立場で知らせなければ、逆に議会の信用を失うことになりかねません。

これは議員の都合だけでなく首長も同じです。議会事務局職員は執行機関から異動してきていることもあってか、事務局長などが首長に必要以上に気を使い、首長に都合の悪い出来事の掲載を避けたがることがあります。議会報が首長批判一辺倒の記事で埋め尽くされるのは当然ながら間違っていますが、その議会で主なテーマとなった案件なら、賛否両論を併記した上で掲載すべきでしょう。

議会報も新聞の日刊紙みたいに議会直後に発行できない？

　ほとんどの議会報は、会期が終わって1か月程度たってから発行されます。速報性という意味では時間がたちすぎていて、テレビや新聞ですでに報道された新鮮味のない内容を今さらお知らせしている感は拭えないかもしれません。このため、「何で議会報はすぐに届かないんだ。新聞だって翌日には届くんだ、公務員の怠慢だろ」と言ってくる住民が年に1人くらいいらっしゃいます。それだけ議会のことをすぐに知りたいという熱い要望を持った住民の方がいることに感激するのですが、議会報と日刊の新聞とではその性質がそもそも違うので、なかなか要望にお応えすることができません。

　議会報は議会自らが議会として発行する以上、正確で、かつ議会内の様々な意見をできる限り公平に取り上げる必要があります。だからこそ、事務局職員は一言一句に気を使って原稿を書き、議員の皆さんも校正をしているのです。これらの手順を大幅に削るか、あるいは広報紙だけのために新聞社並みの人員と経費を投入すれば、もっと短い時間で発行することもできるでしょうが、果たしてそれがいいのかどうか。速報性と正確性のバランスをどうとるかを議論した上で、各議会で方針を決めていただければよいかと思います。

ちなみに、現在の議会広報は、議決などの結果を伝える事後広報が大半を占めていますが、議決する前の条例案などの情報を伝える事前広報にどう取り組むかも大事な課題です。

使いやすい議会ホームページって？

　全国市議会議長会によると、議会ホームページは全ての市で開設されており(※)、比較的少ない予算で効率的に広報ができるツールとして広く利用されていることが分かります。ホームページには、「議員名簿」と「会議日程」、「会議録」の掲載率が高く、これらは議会として重要なコンテンツです。調べたいときにアクセスすれば情報を入手できるホームページは、現在の議会広報において一番重要な役割を果たしているといっても過言ではありません。

　自治体議会で発行されている議会報は、新聞折込みや全戸配布などにより多くの住民の手元に届けられますが、発行までに時間がかかり、タイムリーな記事をお届けすることができません。そこで、速報性の部分を補完できるツールとしてもホームページは存在しています。

　また、ほかにも過去の資料をいつでも閲覧できるという役割も重要です。ほぼ全ての議会ホームページでは過去の会議録も検索することができるため、紙の会議録を端から調べていくのに比べて格段のスピードで目的の箇所にたどり着くことができます。

　なお、近年では議会開会前にできる範囲で事前に資料を公開しようという動きがあります。住民目線で考えたときに、議員と同じタイミングで事前に資料を入手できる議会こそ、情報公開の最先端を行っているともいえるのではないでしょうか。

　このように、議会報では間に合わない情報提供のスピード感と、資料の積み重ねによる資料の保管庫としての役割の両方が機能してこそ使いやすい

ホームページとなります。

（※） 全国市議会議長会「平成30年度市議会の活動に関する実態調査結果（平成29年1月1日〜12月31日）」（平成30年11月）。

Facebook（フェイスブック）などのSNSを利用した議会広報の現状は？

　議会における広報としては「議会報」と「議会ホームページ」が双璧として存在していますが、近年、Facebook（フェイスブック）やTwitter（ツイッター）といったSNSを用いた広報が徐々に増加しています。

　SNSの特徴のひとつが拡散性です。ところが、以前、ツイッターを導入済みの議会の実情を調べたところ、「本日、○○委員会が何時から始まります」とか「本会議は現在休憩中です」といった会議日程や広報紙発行のお知らせ程度で終わっているところも多いようでした。「ぜひみんなに知ってほしい内容だからリツイートしよう！」と思えるような内容はあまり見たことがありません。例えば、弁当の写真を添付して「○○会派の本日の昼食です。役所内の食堂にお弁当を注文しました。13時からは本会議が開催予定です。○○会派の議員も質問予定！」などとした方が、弁当に興味を持った人にも注目され拡散される可能性が高くなると思います。また、「本日は○○委員会が開催されています」というホームページと同じ記事であっても、会議中の写真を添付することで臨場感を出すことができます。

　また、SNSの最も特徴的な性質として、双方向性も挙げられます。議会からの一方的な情報の提供だけではなく、議会に対し住民からも感想や意見を述べることができるのです。しかし、残念なことに、ほとんどの議会のフェイスブックやツイッターは「発信専用で返信しません」とされています。双方向性という特徴を自ら封じ、情報発信ツールとしての利用しかされてい

ません。

　現状では、残念ながらSNSの特性を生かした議会広報を行っていると胸を張って言える状況ではないようです。SNSは、あまり堅苦しくない内容で、適切なタイミングで更新し、かつ更新頻度も高くないと効果が出ません。どんな内容を誰が書いて誰が責任を持つのかが重要になります。おカタい役人の事務局職員が書くだけでは限界がありそうですし、議員の集合体である議会として見解を統一した上で書くのもなかなか難しいようです。

　もちろん「議会情報を提供するチャンネルを増やすのが目的である」という割り切った考え方もひとつです。同じ内容でも多くの媒体で情報を発信することで目にする機会を増やすことは重要です。しかし、積極的にツイッターをフォローする層と議会ホームページを利用する層は、ほぼ一致するのではないでしょうか。そう考えると、ホームページとSNSの内容は差別化する必要があります。毎回同じ関係者とおぼしき人が「いいね！」をしていたり、フォロー数が開設直後に増加したものの、その後ほとんど変化がなかったり……心当たりはありませんか？

　流行だから利用するのではなく、これらの課題についてしっかり検討した上で利用することをお勧めします。ちなみに、Instagram（インスタグラム）については、画像を中心としたものなので、議会広報に用いるには難しいかもしれませんが、利用している主な層（若い女性）に訴求するために利用を試みるのもひとつの手かもしれません。

視覚障害者はどのように議会の情報を得ている？

　視覚障害者の方に対する議会広報の手段としては、昔から「点字版議会報」が主な手法でした。カセットテープに議会報の内容の朗読を録音した「声の議会報」も多くの議会で作成されています。声の議会報は、デイジー

方式で録音されたCD版を作成する議会も多くなっており、カセットテープに代わりこちらが主流になってくると思います。筆者の議会では、カセットテープの録音機器の老朽化問題もあり、CDへの全面切替えを検討したことがありますが、「カセットテープしか扱えない」利用者がかなりの数いたため、併用という結論に落ち着いたことがあります。

　ほかには「音声コード」というものがあります。メーカーによってはSPコードと呼称しています。議会報の端に切手大の専用の二次元コードを印刷しておき、そこに専用の読取装置をかざすことで、コードに格納された文字情報が読み上げられます。問題点としては、読取装置が必要なことです。以前、導入を検討した際に、福祉の補助の対象となっていた読取装置について、過去5年の市の補助状況を確認したところ、申請が1件もありませんでした。また、音声コードを印刷すると印刷する部分に印となる切欠きが必要で、切欠きを入れるのにかなりの金額がかかることが判明しました。実際に関係者にも話を聞いたところ、「ホームページの読上げソフトを使用している人が多く、読上げに対応したホームページや議会報を作成してくれた方がよい」との話を受け、導入を断念したことがあります。ただし、現在は、スマートフォンのアプリとして音声コードの読上げ装置が提供されており、音声コードを利用できる環境は以前より整いつつあると思います。

　また、視覚障害者の方は、インターネットを活用されている方が非常に多いと聞いています。各社から音声読上げソフトが提供されるようになり、ネットサーフィンを楽しんでいらっしゃるようです。ただし、画像や表などはうまく読み上げてくれないことがあります。そのため、音声読上げソフトに対応したテキスト版のコンテンツを提供する議会もあります。また、議会報についても、ホームページ上でテキスト版の議会報を提供している議会もあります。紙面を再構成する必要はありますが、少ない労力で大きな成果が期待できるコンテンツではないでしょうか。

4 会議録

会議録は誰がどうやってつくっている？

　会議録をつくるのは、議会事務局の大事な仕事です。とはいえ、数時間に及ぶ議論の応酬を一職員がひたすら書き留めるというのは至難の業であり、多くの自治体議会では、会議を録音したものを主に委託業者が反訳、いわゆるテープ起こしをしています。今は技術が進歩して、議論しているその場で文字化していく音声認識ソフトを導入しているところもあるようです。事務局職員は何もしないわけではなく、反訳してできた会議録の粗原稿を正確で読みやすいものに修正する整文（修文）という大事な作業があります。

　ちなみに、全ての会議録を全文記録にしなければならないわけではありません。これは各議会の会議規則や委員会条例、運用の仕方によって異なり、全文記録ではなく要点のみの記録としている議会もあります。ただ、省略しすぎると、後から読む人には当時の議論の経過が分からず、会議録としての本来の役割を果たせません。議員の皆さんが会議で真剣勝負を重ねていることを理解してもらうためにも、誰にとっても分かりやすい会議録を残していくことが求められています。

もっと早く会議録をつくれない？

　筆者が会議録の作成を担当していた頃、自治体議員はもちろん、ときに一般住民からも「まだできないのか」とお叱りに近い声を何度もいただきまし

た。会議が終わったらすぐ会議録を見たいという気持ちは分かるものの、その作成には実は時間がかかります。

　話し言葉は、「あのー」とかが入ったり文法として成立していなかったりするので、そのまま文字にすると読みにくいものです。「アベさん」という言葉が、「阿部議員」か「安部部長」か「安倍首相」か、文脈で推測できることもあれば背景を知らないと分からないこともあります。議会の歴史を書き残す客観的記録として手を加えすぎないようにしつつ、慎重に手直しをし、正確で読みやすいものにする仕事は、決して楽なものではありません。

　次の会期が始まろうというときに、前の会期の会議録ができていなければ、さすがに遅すぎるでしょうが、数日あればできるものではないことは、ご理解いただきたいところです。ただ、整文をする前の粗原稿を見せたり、録音した音源を使って事務局職員が一部だけ反訳して渡したりする対応をしている事務局もあります。議会によって運用の仕方は違うので、急ぎで欲しいときは事務局に相談してみてください。

会議録署名議員の署名は何のためにする？

　自治体議員の方ならば、会議録署名議員に自分が指名されたり、他の議員が指名されたりするのを経験していることでしょう。会議録署名議員が、指名された会議の会議録にする署名は、その会議録に誤りがないことを保証するためのものです（地方自治法123条2項、3項）。

　つまり、理屈上は、その会議録に書かれた文章を理解した上で署名するのが前提といえます。会議に出席して居眠りせず聞いていたことを保証するのではなく、その会議の内容が正確に文字として書かれていることを保証するわけです。厳しいことをいえば、署名する会議録はしっかり読み込んでいるべきとも考えられますが、実際は全文を読み込んでから署名するのではなく、

事務局職員が作成した内容に全幅の信頼を置いて署名する方がほとんどかと思います。ただ、「この会議、ちょっともめたやりとりがあって気になるから読ませて」といって、読んで納得してから署名する方もいます。

ヤジも会議録に載せる？

　ヤジ（議会用語では「不規則発言」）は原則として会議録には書き残しません。決められた手順を守っていない不規則な発言を、正当な手続を経た発言と同等に扱ったら、やった者勝ちになってしまいます。ヤジを言った人を議長が注意すれば、議長の発言は正式な発言として会議録に書き残されるため、その発言をした背景が分かるように、ヤジの中身や発言者名は書かずに「発言する者あり」などとだけ表記するのが一般的です。

　困るのは正規の発言をしている議員がヤジに受け答えをした場合です。「うるさい！」と言い返すぐらいなら「発言する者あり」で済みます。しかし、「ＡなのかＢなのか」と詰問してきたヤジに「Ｂだ」と答えてしまうと、ヤジの中身を書き残さないと正規の発言者の言葉の意味が通じません。この場合、ヤジを言った人の名前は書かず、「『ＡなのかＢなのか』と発言する者あり」などと表記します。珍しい例として、ヤジを繰り返す一議員にあえて言い返し、「Ｃ議員、うるさいですよ」と名指しで発言して、その議員の名前が会議録に残るようにしたという事例もあるようです。

会議録を直させたい場合は、どうする？

　会期の途中に、自分や他の出席者の発言が気になって直させたい場合は、その旨を申し出て認められれば発言の取消し・訂正がされます。自分の発言

については比較的認められやすいものの、他人の発言は言った本人が納得しなければ、もめるので要注意です。ちなみに、直せるのは一般に配布される公開用の会議録だけで、原本までは直せません。「A議員はバカだ」と発言し、「バカ」の部分を取り消すことが認められた場合は、配布用の会議録のみ「A議員は●●だ」などという表記になります。

　一方、会期後に発言の取消し・訂正をしたい場合は、対応は難しくなります。本来、発言の取消し・訂正は会期後にはできないので、そんな相談が議員からあっても事務局はお断りすることになりますが、実務上は各議会によって運用の仕方が違うようです。正誤表を別につくったり、次の会議でその旨を述べてもらったり、直す程度によっては整文レベルの軽微な訂正として事務的に直したり、等々。ただし、発言の趣旨そのものを変えたり、全く言っていないことを言ったことにしたりするのは、完全な改ざんになるので、さすがに無理です。

会議録を調べるときに、注意した方がいいことは？

　多くの自治体議会に導入されている会議録検索システムで調べるとき、過去に議論したはずなのに検索結果で出てこないことがあります。考えられる理由を挙げてみましょう。

　1つ目は、検索する言葉の選び方です。地元の産直市に補助金を出していることを調べるとき、「産直市」と検索して出るのは「産直市」と発言した場合だけです。「産直市」のイベント名が「みんなの市」だったり、補助金の名前が「地産地消運動推進補助金」だとすると、これらの言葉を発言したものは引っ掛かりません。

　2つ目は、検索の対象とする会議です。所管の常任委員会だけで検索すると、予算・決算委員会や本会議での発言は引っ掛かりません。幹事長会のよ

うな非公開の会議は、そもそも検索システムの掲載対象にもなっていないでしょう。

　3つ目は、開会時期です。ご自身の議会の検索システムに過去の会議録がいつの分から掲載しているかご存じですか。大半は昭和の会議録は掲載していません。一方、紙の会議録は、災害で焼失していなければ約100年前のものも保管されています。ひたすら紙をめくる地道な作業になりますが、調べてみると議会の歴史を感じられ、なかなか興味深いものです。

Column

委員会視察の夜

　多くの議会では常任委員会による各自治体への視察が行われており、視察のコーディネートは議会事務局の職員が行いますよね。視察先のリストアップや日程の決定、切符の手配から食事の予約などまで委員長と相談して取り仕切ることとなります。その中で最も大事なことのひとつとして事務局内で受け継がれてきたのが、食事場所の決定です。

　ある視察のときに名古屋コーチンの店に当日案内したところ「鳥は食べられない」という議員が２人いたことがあり、大慌て。すでに予約してあるため店を変更することもできませんでした。そのことを振り返って今でも「あの時はごはんとみそ汁だけで5,000円取られちゃったよ」と、当該議員が笑いながら話してくれます。事務局職員としては、せっかくなので視察した地元の食事を選びたいのですが、どうしても好き嫌いがありますので、なかなかうまくいきません。そのため無難な和食の店が選ばれがちになってしまいます。

　さて、食事も終わると、多くの場合、二次会に向かいます。どこにいくかはそのときのメンバーによって様々なようでして、お酒好きが集まるとそのまま三次会、四次会と進み、次の日の朝の集合時間が事務局としては心配になることも。こうした費用はもちろん各自の負担です。

　共通して感じることは議員の皆さんって本当に元気だなあということです。議員としての資質の一番大事な部分は実はここなのかもしれません。

第5章

議会改革

1　議会改革 …………………………… 163
2　議会基本条例 ……………………… 170
3　タブレットの導入 ………………… 178
4　政策条例づくり …………………… 184
5　議員定数と報酬 …………………… 192
6　議会報告会 ………………………… 198
7　議長立候補制 ……………………… 204
8　議会図書室 ………………………… 206

なぜ、議会改革をしなければならないのか

　議会に関わる人であれば必ず耳にするキーワードのひとつとして「議会改革」が挙げられます。2006（平成18）年に北海道栗山町で議会基本条例が制定されて以降、議会改革が大きなうねりとなり全国に広がりました。「私たちの議会はこのような活動を行いますよ」と活動の規範を議会基本条例という形で示すことで、きちんと住民と向き合うことを約束することになります。当然ですが、約束したことはきちんと実行する必要があり、「やる」と約束した内容が多ければ多いほど、議員の負担は重くなります。「残業代も出ないし、昇給もないし、選挙の得票にも直接つながらないのに負担ばっかり増えていくんだよな」なんてつぶやきも聞こえてきそうですが、議会基本条例の検討をきっかけとした様々な議会改革が、全国各地の議会で行われています。

■ 議会に対する不信感

　さて、ではなぜ議会改革を行うのでしょうか？　一時期、議会不要を公然と口にする首長が各地で誕生したことは記憶に新しいと思います。強力なリーダーシップを持ち、情報発信力にも優れた首長に比べ、議会に対する住民からの評価は芳しくありません。「議会や議員は何をやっているのか分からない」という声に集約され、「年に数回、議会に出て『賛成』と言うだけ」「それなのに高給をもらっている」「そんな議員は数を減らせばよい」といった批判につながっていきました。もちろん、全ての批判が全ての議会に当てはまっているわけではありません。しかし、住民の「議会に対する理解の低さ」が誤解を含めた批判につながっていることも確かです。これらの批判を払拭するべく各議会が取り組みを行ったというのが、議会改革が盛んになっ

た理由のひとつと考えられます。

　議会に対する住民の理解を深めるために、定例会において当日審議される内容の事前アナウンスを実施したり、傍聴券の簡略化などの傍聴しやすい環境づくりやインターネット中継の導入、議会報告会の開催、ホームページの整備や議会広報の充実などの取り組みが進みました。

　また、議会が「賛成」というだけの首長の追認機関であるという批判に対しては、議員間討議の導入や議員による政策条例の提案などにより、議会の行政監視機能と政策立案機能の強化を図りました。このように住民からの批判や不満に対し、1つひとつ改善していくことで議会に対する信頼の回復を模索してきたのです。

　さらに、議会改革を通じて住民の議会に対する意識の向上を促すことも期待できます。多様な意見を聞き、行政に対し注文をしたりブレーキをかけたりすることができる住民の代表の機関であることをきちんとアピールし、住民を議会の活動に巻き込んでいくことが求められています。

■ 次なる議会改革の一手とは

　栗山町における議会基本条例の制定からすでに10年以上が過ぎ、議会改革のトップランナーは次なるステージに向け、改革を加速させています。これまでは従来の議会に対する住民の不満や批判に対応していくこと、住民に分かりやすい議会にすることが議会改革の主でした。しかし、先を行く議会ではタブレットを導入してペーパーレス化をするだけではなく、災害時の通信手段としてもタブレットを活用できるようにしたり、首長の先を行く政策提案を目指して、議会図書室の強化や大学との連携などを行ったりしています。

　何もしていない議会や議会基本条例を制定しただけの議会は、危機感を覚えた方がよいかもしれません。執行機関側と政策論争のできる議会を持つ自治体と、「賛成」だけの承認機関になっている議会を持つ自治体とでは、自治体の力にも今後大きな差が出てくるでしょう。最近の議会改革のメニュー

としては図書館や大学などと連携することが一種のトレンドですが、相手方にもキャパシティがありますので、今後連携したくても連携相手が見つからないといった状況が出ないとも限りません。

　また、これまで当たり前に行ってきたことが、社会の変化に伴い、いつの間にか問題のある行為となっている場合、それらへの対処も必要です。例えば傍聴券の問題です。標準市議会傍聴規則では傍聴する際には住所、氏名、年齢を書くことになっており、多くの議会では何の疑いもなくそのまま書かせていると思います。しかし、個人情報保護条例における手続はどうなっているでしょうか？　きちんと届け出をしている議会もありますが、自分の議会ではどうなっているのか分かりますか。議会改革に対する意識があれば、このような問題点も挙げられると思いますが、そうでないと問題が起きるまでは従前のままです。どんどんと動き出している議会と何もしていない議会との「議会力」の差は、今後目に見えて広がっていき、ひいてはそれが自治体の魅力の差につながっていくでしょう。

　この章では議会改革を行う際に生ずる疑問やよくある悩みについて、Q＆Aを通して解説していきます。

1 議会改革

議会のICT化は何のために行う？

「ICT」って一体何のことでしょうか？ 教科書的な話になりますが、ICT（Information and Communication Technology）とは「情報通信技術」と訳され、分かりやすくいうとコンピューターを活用して情報を伝えたり保存したりしようということです。それでは「議会のICT化」と聞くと、皆さんは何を想像するでしょうか？分かりやすい例を挙げますと、ほとんどの議会で開設されている議会のホームページは立派なICT化といえます。かつて議会から住民に対し広報する媒体としては、紙の「議会報」しかありませんでした。しかし、議会ホームページの開設により、いち早く議会の情報を提供することができるようになり、住民の利便性は格段に上がりました。最近では、さらにTwitter（ツイッター）やFacebook（フェイスブック）などの双方向性や拡散性のあるツールを活用することにより、より多くの住民に議会の情報を伝えることができるように工夫する議会も増加しています。このように議会のICT化とは、目的（上記の例としては、より多くの住民に議会の情報を発信する）を達成するために、ICTを用いることで実現しようとすることなのです。

議会のICT化にはどんなものがある？

議会改革の協議の場などで、議会のICT化についての話題が出ている議

会も多いと思います。そういった場を通じて、自分たちの議会の目指す方向性が見え始めたならば、その目的に向かって少しずつ改革を進めていくことになります。例えば「住民にもっと議会への関心を深めてもらいたい」のであれば、議場に足を運ばなくても議会を見ることができる議会中継の導入が第一に挙がるでしょう。また、せっかく議会中継をしても何をやっているのか分かりにくいと、中継を見る人も減少していきます。電子表決にして賛否を明確にしたり、一般質問等においてグラフや表をスクリーンに投影したりするなど、視覚的にも分かりやすくして、視聴者に興味を持たせる努力は必要です。また、すでに議会中継を行っているのであれば、さらに中継対象を委員会や全員協議会（本会議とは別に全議員が出席する会議）に広げることも検討できる内容でしょう。

　ICT化によって経費を削減しようとする動きもあります。よく聞かれるのがペーパーレス化による議会資料の印刷費用の削減です。資料をPDFファイルなどの電子ファイルにして各議員に送信することで、紙代や印刷にかかる人件費等が削減でき、各議員に配付する手間を減らすことができるというものです。ただし、全ての議員が電子ファイルを活用できるわけではありません。そのため、タブレット等を全議員に貸与する議会が増えています。他にもタブレットを用いたテレビ電話機能を使って、遠隔地からの会議の参加や、災害時での活用を検討するなど、ICT化をどんどん進めている議会もあります。

　ただし、前述したとおり、議会のICT化は目的を達成するための手段として用いるものです。くれぐれもICT化そのものを目的にしないように気をつけましょう。

1　議会改革

議会改革を進めたいけれど、まず何をすればいい？

　いきなり手段そのものに着目して議会改革に着手するのは、お勧めできません。議会改革の代表的メニューとして、議会基本条例の制定や議会報告会の実施などがあるのは確かですが、大事なのは何のためにそれらを行うのかです。全国あまたの自治体がある中、それぞれの自治体議会にはそれぞれの強み・弱みがあり、求められる改革の中身は異なります。それらを踏まえず、目立つ手段にだけ取り組んでみても「仏つくって魂入れず」、本質は何も変わりません。

　最初に、皆さんの議会の課題は何なのかを考えてみましょう。審議が充実していないのか、住民が議会について知らないのか、などなど。課題は複数あるでしょうが、その中で重要度や難易度によって何に取り組むかが決まってきます。議会が自らの思いを政策として実現できていないとすれば、議員提案の政策条例の成立を目指すのもいいでしょう。審議や政策は充実しているのに住民に知られていないなら、議会報告会や様々な広報手段の充実を図るのもいいでしょう。皆さんの議会が抱えている課題が分かれば、まず何をすればいいのかも、おのずと見えてくると思います。

議会改革に取り組みたくても、議会内の意思統一が難しいのでは？

　「総論賛成・各論反対」は、議会改革に取り組もうとする中でも起こります。「議会改革」という言葉自体、中身が曖昧でどうにでも解釈できるため、具体的な取組方を議論し始めた途端、同じ「改革」を口にしていた議員同士の意見がまとまらなくなるのです。与党系と野党系の立場、高齢ベテラン議

員と若手新人議員の知識や意識のギャップが如実に現れてくることもあります。具体的な中身の問題だけでなく、手続として与党系議員が一方的に仕切るような進め方は野党系議員が嫌うでしょうし、高齢ベテラン議員の中にはICT化などの先端技術の導入が生理的になじめないこともありがちです。

　では、議会改革は進まないのかというと、そうとも限りません。要は、どこまで自分の理想に固執するかです。議会改革は性質上、露骨な多数決で進めるのは望ましくありません。多種多様な議員が集まって議論をする議会において、議員の皆さんは議論を通して落としどころを見つけていく政治的センスを持っています。議会改革は、首長提出議案に各議員が賛否を表明するように、単なる○か×かというものではないはずです。小異を捨てて大同に就く。普段は対立しがちな議員同士が納得できる落としどころを探っていく過程もまた、議会改革のための大事なプロセスではないでしょうか。

簡単にできる議会改革ってない？

　議会基本条例の制定や議会報告会の実施には、相当の労力と時間がかかります。それらの実現が本当に求められていることなら、苦労してでも実現にこぎつけるべきでしょう。しかし、それだけを目指すと議論が膠着し、いつまでも成果が出ない日々が続きます。

　知っていただきたいのは、議会改革とは特定のメニューの実施が必須ではないということです。コース料理のように、前菜、スープ、メイン、デザートと順番に食べていかなければいけないものではなく、ビュッフェ形式で自分に合うものを好きなだけ食べればいいのです。議会改革のメニューには、議会基本条例や議員提出政策条例の制定、議会報告会の実施、通年議会の導入などのように典型的で重いメニューのほかにも、一問一答制の導入、議員間討議の推進、反問権の明確化、議決事項の追加、公聴会・参考人の活用、

請願・陳情の提出者による説明、議会事務局の機能強化、ホームページ等での情報提供の充実、議員研修の実施など、挙げればきりがないほどいろいろなものがあります。傍聴席の環境を少し良くするとか、本会議などに出席する執行機関職員の顔ぶれを見直すとか、何でもありです。

　手っ取り早く何らかの成果が欲しいとすれば、条例改正などを必要とせず、議員にも執行機関にも負担が少ないものから取り組めば、比較的進めやすいでしょう。

議会改革の主なメニューを全部やったら、改革は終えたと思っていい？

　議会基本条例を制定し、議会報告会を実施したから「議会改革は卒業」ではありません。きつい受験勉強を続けてきた反動で大学に入ったら全く勉強しなくなるのでは本末転倒なように、議会改革は代表的メニューをこなしただけで完結するものでもありません。ただ、議会改革疲れもままあるでしょう。そのような経過となることをある程度想定しているからこそ、多くの議会基本条例は見直し条項を設けています。

　議会改革とは、単に議会基本条例を制定することや議会報告会を実施することではなく、それらの手段を通して「より住民のための議会になるように改革すること」です。議会改革を進めても選挙の票に結びつかないという話をたまに聞きます。「議会基本条例をつくったから自分たちは議会改革をした」という考えは所詮、関係者の自己満足でしかないのかもしれません。

　ところで議会人は議会基本条例の意義を知っていますが、執行機関の一般職員はあまり知りません。まして一般住民は議会基本条例という言葉さえ聞いたことがない場合が多いでしょう。住民が議会や議員の存在意義を感じてこその議会改革です。ゴールの見えないマラソンのようで苦しいかもしれま

せんが、常に課題の解決に挑み続け、住民に対して情報公開をしていくことこそが、議会が住民の負託に応えることになるのではないでしょうか。

議会改革について、議会事務局や執行機関はどう思っている？

　議会事務局は職務上、議会改革が必要なことを肌で感じていて、自分たちが一役担わねばならないことも知っています。ただ、議会改革に向けた議論は簡単にはまとまらず、強いリーダーシップを発揮する核となる議員がいなければ迷走するばかり。その間、調査や資料作成のために議会事務局の業務は増えることになります。挙げ句の果て、議会基本条例を制定することに決まっても作業は全て事務局任せ、議会報告会の実施が決まっても準備や運営は全て事務局任せ、そんなふうに議員が汗をかこうとしない形だけの議会改革になってしまうと、議会事務局としてはため息をつかざるを得ません。

　一方、執行機関にとっては、どうでしょうか。議会の機能を強化し、住民に広く伝えようとする議会改革は、執行機関が提案してこない政策条例を独自に提案して成立させたり、執行機関が説明しない自治体の課題を議会報告会で住民に説明したりします。政務活動費の適正化などは執行機関に影響の少ないものであり、議会改革の何もかもを執行機関が嫌がるものではないとしても、今までより議会が強くなろうとする改革は、執行機関にとっては素直に喜べないかもしれません。議会改革が本当に住民のためになるなら、議会事務局や執行機関にどう思われようと住民が味方についてくれます。それこそ真の議会改革の実現ではないでしょうか。

1　議会改革

議会事務局の役割は？

　議会改革に積極的な議会には、必ず意欲がある事務局長や核となる職員が存在しています。議員と事務局ががっちりとタッグを組むことにより、議会改革の推進力が飛躍的にアップするのです。

　事務局の関わり方は議会によって様々ですが、調査部門の職員の力量が影響することは間違いありません。なぜなら、議員の要請に応じて資料の作成や他議会の状況の調査、また必要と思われる資料や情報の提供を先んじて行う必要があるからです。しかし、多くの事務局では庶務と議事運営を行うことが中心で、調査部門はおまけのようになっています（組織が調査係ではなく議事調査係や庶務調査係などとなっている議会が多いことからも想像できます）。事務局に調査の依頼をしたことがない議員の方も多いのではないでしょうか。このように、事務局の体制の問題により、議会改革がなかなか進まない可能性もあります。事務局職員の人員の問題もありますが、まずはやる気のある事務局職員を核にして、二人三脚で少しずつスピードを上げ、周りを巻き込んでいくことによって、事務局全体を燃え上がらせることが重要です。

第 5 章　議会改革

2　議会基本条例

議会基本条例って、そもそも何ですか？

「議会基本条例とは○○である！」といえる定義は、実はありません。また「○○を定めているのが議会基本条例だ」といえるような、定めなければならない内容が決まっているわけでもありません。ある意味とても自由な条例であり、各議会によって意気込みや思いの詰まった条文が見え隠れします。とはいえ、どの議会も栗山町議会や三重県議会などの議会改革の先駆者から少なからず影響を受けており「最高規範性」や「議員間での討議」、「住民に開かれた議会」など、ほとんどの議会基本条例に見られる内容が存在します。ただ、何度も述べるように、定義があるわけではありませんので、いろいろな意味で厳しい条例もあれば、「緩いなぁ」と思える条例もあるのが実情です。

議会基本条例が自分の議会でどうやって制定されたのかプロセスが分からないのですが……

議会基本条例が誕生してから10年以上が経過しているため、すでに議会基本条例が制定されている議会に当選した新人議員の方も多いと思います。しかし条例制定前後の議会の議事録を見ても、一体どのようなプロセスで条例案をつくり上げたのかがよく分からないことが多いようです。これはなぜでしょうか。

議会基本条例の条文を見てみると「議会報告会を行う」、「執行機関側の反問（反論）権を認める」、「政務活動費の公開」など、基本的に議員の負担が重くなる内容が盛り込まれています。そのため各議員によって優先すべき事項が異なるため、なかなか議論がまとまりません。そうなると、委員会や本会議以外での立ち話を含めた非公開の話合いが必然的に多くなり、議事録だけを見るとあまり議論することがなく、粛々と条例案が提出されたように見えてしまうのです。

話合いの過程についても「全て公開にすべきだ」という意見と「本音で話し合う必要があるので一部非公開もやむを得ない」という意見との間で紛糾することがあります。ある議会では、「住民に開かれた議会」を基本理念に掲げた議会基本条例の制定プロセスを住民に公開しなかったため、痛烈な批判を浴びました。議会への不信感を打破するひとつの手として、時間をかけて話し合い、やっと議会基本条例を制定したのに、そのことが逆効果になっては元も子もありません。また、議会基本条例は制定過程の中で各議員が理念を共有し、ひとつにまとまらなければ、制定しただけで終わってしまいます。制定におけるプロセスでは、本音を出しやすい雰囲気の中でこれからの議会像を議員間で共有する必要がありますので、議論の過程を全て公開することにこだわる必要はないと思います。

自分の議会はまだ制定していないのですが……

議会基本条例は全国的に多くの自治体議会で制定されていますが、それでも4割以上の議会ではまだありません。もしも議会基本条例をつくりたいと考えているならば、最適なタイミングは改選が行われた後がベストです。議論を重ねている途中で改選が挟まると、その後のメンバーで機運が高まらず、立ち消えになってしまうこともあります。

ただ、話合いの期間は議会によって全く異なります。多くの議会では2年から3年程度の時間をかけて条例を制定しているようですが、千葉県流山市議会のように特別委員会の設置からわずか1年で条例案を可決している議会もあります。ただし、流山市議会では1年間に21回の議会基本条例策定特別委員会を開催し、関連する協議の時間を含めると160時間もの時間を費やしたとのことですので、かなり集中して取り組んだようです。

　なお、議会基本条例が自分の議会に必要ないと考えれば無理に制定する必要はありません。議会基本条例は議会改革に非常に有用で分かりやすいツールのひとつではありますが、ないからといって議会の価値が下がるわけではありません。そもそも定めている内容は基本的に会議規則の改正で実現できるものです。ただ、議会基本条例を制定していると、一定の議会改革を行っているとの認識が世間からされやすくなるのも事実です。また、議会改革度を点数化してランキングを行う各種調査では、議会基本条例を制定しているとポイントが加算されることが多いようですので、対外的なアピールのしやすさを考えると会議規則の改正よりも議会基本条例を制定する方が効果的です。

議会改革の取組をしてから制定するもの？

　議会基本条例には明確な定義はなく、記載すべき事項も決まっていません。そのため各議会の実情に合わせて制定することになります。全国に先駆けて制定した栗山町議会や三重県議会の議会基本条例は、すでに行っていた議会改革の活動の取組を体系的に明文化したものです。

　ただ、議会基本条例制定の前から「住民との意見交換会」や「議員間での自由討議」、「執行機関側の反問（反論）権を認める」などの取組を行っている議会は多くないと思います。そのため、議会基本条例の制定をきっかけと

して、議会報告会のような、いわゆる議会改革の取組を始めた議会がほとんどのようです。

　すでに取り組んでいる内容を明文化することにより条例を制定するのは理想ですが、議会基本条例の制定を契機として議会改革を進めていくという手法も大いにありだと思います。ただし、すでに制定されている他の議会の議会基本条例の条文のいいところを引っ張り出して、ひとつにまとめるという手法で作成された条例には理念がありません。参考にすることはいいのですが、コピー・アンド・ペーストによる条例にならないようにしましょう。

条例案をつくるに当たり、具体的な道筋は？

　議会基本条例が執行機関提案の議案で提出されたという事例はさすがに聞いたことがありません。多くの議会で行われている手法としては、議会改革の特別委員会を設置してその中で条例案を作成しています。ただ具体的な作成方法は議会によって様々で、一概にはいえません。本来は自分の議会をどのような議会にしたいのか、まずそれらを話し合い、その理想の議会を具現化するために必要なことを条文に落とし込むというのが王道です。

　しかし、実際は先進的な議会基本条例をいくつか研究し、自分の議会に取り入れたい内容を考えながら、条例案を整えていくというやり方が多いようです。その中で「議会報告会は定例会終了後1か月以内に必ず行う」とするのか「議会報告会を必要に応じて行う」とするのかなど様々な議論がなされます。

　素案が作成されたら、パブリックコメントの募集や説明会を開くなどして、広く住民の意見を聞き、その上で議案として上程することとなります。なお、前述のとおり「住民に開かれた議会」を基本理念とした議会基本条例の制定過程が住民に公開されなかった議会は「ブラックユーモアだ」とまで批判さ

れ、その後住民有志による「市議会を語る会」の結成につながりました。ある意味、住民の議会に対する興味を喚起できたことになりますが、当初の意図とはかけ離れたものだと思います。せっかくの条例が出鼻をくじかれてはつまらないので、基本理念と乖離（かいり）するようなつくり方はしないよう留意すべきです。

議会事務局で条例案をつくってくれる？

「うちも議会改革特別委員会で議会基本条例をつくることにしたから、事務局で条例案をつくっておいてよ」これが、おそらく多くの議会事務局職員が議員から言われた経験があろう、非常に困った依頼です。これだけ様々な議会基本条例が全国で制定されていますので、条例を制定したときに、議員の新たな負担を最大限少なくし、かつ議会改革度ランキングでポイントを上げられるような耳触りのよい条例案を事務局で作成することは確かに可能です。しかし、仮にそのように基本条例を策定しても、議会の最高規範として実質的に成り立ちません。また、おそらくはその後の改正もされることはないでしょう。そしてそのまま放置されることにより「○○議会の議会基本条例はニセ基本条例だ」、「アクセサリー条例だ」と揶揄（やゆ）されることは目に見えています。それならばつくらない方がましではないでしょうか。

条例案として議会に上程できるまで時間はかかるかもしれませんが、議員の間で議論をしたものを条文に落とし込んでいく作業を地道に行っていくことが、議会基本条例に重みを与え、結果として、その後の議会改革につながっていくものと思います。

議会基本条例をつくるとどうなる？

　すでに議会基本条例を制定している議会の条文を見ると、多くの議会で「議会報告会の開催」、「請願・陳情者の議会における意見陳述の場の確保」、「反問（反論）権」が盛り込まれています。栗山町議会のように「今まで議会で行ってきたことを、改めて条例として明文化しただけ」ということであればよいのですが、ほとんどの議会では議会基本条例の制定を契機にこれらの活動を始めようとしているものと思います。そうなると、これまで行ってきた議員活動・議会活動に加え、議会報告会の開催等、議員の負担は必ず増えます。そのため「やってみて大変だったらやめよう」と考えたいところですが、その選択肢は、事実上ありません。なぜなら、一度議会の最高規範として制定したものを廃止することや、後退する内容を提案する場合、相当の理由が求められるからです。

　さらにいえば、この条例はスパイラルアップが求められており、多くの議会基本条例では、社会の情勢に応じてどんどん改正していくと自ら明記しています。少々脅かすようですが、立ち止まって休むことは許されなくなるのです。「いやいや、うちの議会は制定後に全く改正とかしていないけれど、大丈夫だよ」という議会もあるでしょう。しかし、それは住民が議会に興味を持っていないという理由のほか、議会基本条例の制定にまだ注目が集まっており、中身の実効性にまで注意がいっていないことも考えられます。しかし、「議員間の自由討議」は実際に行っていますか？　「議会事務局の充実」に対し、どのようなことをしましたか？　など、内容について問われることが今後出てくるでしょう。

　さて、何だかデメリットに聞こえることばかり述べてきましたが、議員が「欲しい！」と思った権能を入れることができるのが、この条例の最大の効果であり可能性ではないでしょうか。また実際に条例に基づいて活動を行う

ことによって、住民との距離は確実に近くなります。さらに、議会に対する理解不足によるいわれなき中傷が減ることも想像できます。以前、ある自治体の初の議会報告会を視察したことがありますが、住民の多くが「このような機会をつくってくれた議会に感謝する」旨の発言をされていました。議会に対する不信や誤解を解くための有用なツールとして活用できるのではないでしょうか。なお、条例を制定する現実的なメリットとして「改革に後ろ向きな議会」とのレッテルは貼られにくく、一種のお守りのような効果は高いと思われます。

議会基本条例をつくったら次回の選挙に有利？

投票行動を統計学的に検討したわけではありませんが、実際の得票率や様々な議会関係者の話などを総合して想像するに、残念ながらあまり相関性はないと考えます。「議会基本条例」に対する住民の認知度は非常に低く、さらにいえば、議会基本条例を制定している自治体の職員が条例をどれだけ理解しているかについても怪しいものです。一部の住民には大変支持されますが、選挙結果に直結するものとはいえないのではないでしょうか。また、選挙というものを考えると、議会活動全般について優先すべき事項がいろいろと変わってしまうと思います。基本条例の制定とは切り離して考えることが必要かと思います。

すでに議会基本条例が制定されていたけれど、どうすればよい？

議会基本条例がすでに制定されている議会に当選した新人議員の方も多い

と思います。議会基本条例を最高規範と定めている場合、議会における活動は常に基本条例と照らす必要があり、大変重要な条例であることはご理解いただいているところと思います。

　さて、初当選した後、まずは議会基本条例についての説明が議会事務局や議長などからあったでしょうか。早い段階で説明があった方はおめでとうございます。おそらくは議会基本条例がきちんと生きている議会なのではないかと思います。

　他方、いまだに満足な説明がない議会の議員の皆さん、まずは議会基本条例をよく読んでみてください。条文に書かれている内容と現実の議会運営に大きな齟齬はありませんか？　約800もの議会で制定されている条例ですので、内容は様々です。また、実際の議会運営への生かし方についても議会によって違いがあるようです。しかし、いわゆるニセ議会基本条例とか魂の入っていない作文条例などと揶揄されるような条例であったとしても、議会で可決されたれっきとした条例です。それを全く無視した議会運営は条例違反となりますが、実際はいかがでしょうか。例えば、「議会図書室の充実」が条文にある場合、議会図書室の状況を確認してみてください。物置になっていませんか？　「議会報告会を定例会終了後１か月以内に行う」などと具体的な記述となっている場合、それを無視した活動はしていないと思いますが、「議会報告会を必要に応じて行う」とある場合、その必要性をどのように判断していますか？常にアンテナを高く張って確認しているでしょうか。

　条例を制定するまでは非常に盛り上がり、いざ制定してしまったら、その反動で当初の活気が薄らぎ停滞してしまうことはよくあることです。新しく当選した議員などが議会基本条例の確認作業を行うことにより、再活性化の起爆剤となることを期待したいものです。

3 タブレットの導入

どうしてタブレットの導入が進んでいるの？

　ご存じかと思いますが、近年多くの議会でタブレットの導入が進んでいます。つい10年ほど前までは、ほとんどの議会において議場にパソコンを持ち込むことすら許さなかったことを考えると、感慨深いものがあります。当時議場でパソコンの利用を認めなかった理由として「キーボードをたたく音がうるさい」、「インターネットを通じて審議に関係のないページなどを見るのではないか」、「開会中に議場の外の人とSNSやメールなどでやりとりをするのではないか」などが挙げられていました。パソコンを日常的に使用している議員としては、市政に関する情報がパソコン内に全て入っているので、持ち込みたいと考えるのは自然なことです。ただ、どこの議会も最終的に持込みを認めなかった最も大きな理由は、「パソコンが得意ではない長老議員の反対（あるいは配慮）」ではなかったのかなと思います。

　タブレットを導入するに当たり、上記で懸念された状況はほとんど解決されていません。しかし、スマートフォンの爆発的な普及により、タッチパネルを利用した機器の操作が日常的になることで導入に対する心理的なハードルが下がり、結果的に大きな反対意見もなくなってきたことが、各地で導入が進んでいる大きな理由であると考えます。

タブレットを導入したらどうなる？

　議会にタブレットを導入することで、どのような効果を狙っているのでしょうか。最もいわれていることは、定例会ごとに配られる大量の紙の資料を電子データにすることで、印刷コストが削減でき、紙の資料を配付したり差し替えたりする手間（つまり人件費）が劇的に軽減できるという説明です。タブレットの導入自体に一定のコストがかかるため、自治体の財政当局に対して、導入することにより他のコストが削減できるといった説明がどうしても求められます。本来は「タブレットの活用により住民に有益な議員活動が飛躍的に広がる」ことを主たる理由として説明すべきだと思うのですが。

　ほかにも、議会の閉会中に執行機関から情報提供を行う場合、それまで議員控室の各議員へのレターケースなどに紙の資料を入れていたのを、議員のタブレットに直接資料を送信することで情報伝達の効率性が上がり、いつでも最新の情報を共有することができるようになります。また、議員が出席する会議や視察などの出欠確認もタブレット上でできるようにするなど、様々な活用法が考えられます。

紙の資料の方が見やすくない？

　タブレットの導入時に慎重派や反対派の方から出てくる意見の主なものとして、「紙の方が見やすい」というものがあります。確かにタブレットの画面よりも紙の方が目に優しいですし、必要な資料を素早く探し出せるといったこともあるかもしれません。ある議会ではタブレットを導入したことにより、紙の資料を減らしたにもかかわらず、その後「紙の資料も欲しい」との声が次々と上がりました。結局議員全員分の紙の資料も配付するようになり、

導入前と比べて印刷コストは変わらず、手間が増えてしまったなどという笑えない話もあるようです。

一方、タブレットに表示される資料は原則カラー表示で写真や動画も添付することができるので、白黒の紙の資料よりも見やすいといった声もあります。会議中に追加で要求した資料も印刷する手間がないため、紙よりも早く議員の手元に届けることができます。また、検索機能を使用することにより必要な情報に素早くアクセスできます。紙の資料は多くなると持ち歩くのは困難ですが、タブレット内にデータを入れておいたり、サーバにアクセスするなどして、いつでもどこでも必要な資料を確認できるなど、紙の資料に比べ、タブレットならではの活用が可能になるのも事実です。

タブレットを私的に使っていい？

議会で使用するタブレットを自分で購入し、回線使用料も個人負担している場合は特に気にすることはありません。しかし「タブレットは議会より貸与されており、議会内では基本的に議会内LANで接続する。ただし持ち歩ける利点を生かして、貸与するタブレットは外出先でもインターネットにつなぐことができるセルラータイプとし、回線使用料は政務活動費から支出する」などという議会も多いと思います。この場合、気になるのが「タブレットを私的利用する可能性があり、それを含めて政務活動費から支出していいのか？」ということです。例えば滋賀県大津市では、回線使用料の半分は政務活動費からの支出を認め、半分は個人負担としています。また埼玉県飯能市では、公費負担を6分の4、政務活動費と個人負担を6分の1ずつとするとしています。このように、私的利用も考えられることから、政務活動費から支出する回線使用料を全額認めず、適当な割合で按分するといった方法で運用している議会が多いと聞きます。

会議中にインターネットにアクセスしていい？

　タブレットを活用している議会の多くは、クラウドサーバに会議資料を格納し、各議員がクラウドサーバにアクセスして資料を閲覧するという方法を採用しているため、会議中にインターネットに接続しないと資料を閲覧できない事態に陥ります。そのため、通常、会議中にインターネットにアクセスすることを禁じていません。ただし、Twitter（ツイッター）などのSNSや掲示板などへの投稿や、会議と関係ないインターネットサイトへの接続、電子メールの送受信を禁止するなどのルールを設けている議会は多いようです。会議に必要なインターネットへの接続が認められている場合でも、議員自身が思っているよりも傍聴席から議員の行動はよく見えています。会議と関係のないホームページの閲覧などを行っていると、足元をすくわれかねませんのでご注意ください。

議会資料を表示させるためだけにタブレットを導入するの？

　「タブレット導入の効果については何となく分かったけど、結局、議会資料を電子化しただけなの？」

　現状、タブレットを導入した議会の多くは、ペーパーレスによる印刷費用の削減を声高にPRし、それ以外の活用については議員への情報伝達の効率化程度で、その他の効果はあまり見えてきていません。しかし、どうせ導入するならば、タブレットの特性を生かした議会活動を展開したいものです。例えば「市道〇〇号線の廃止」といわれても、それがどこのことなのかよほど詳しい人でないとピンときません。しかし、カラーの現場写真や動画を議

会資料として配信すれば一目瞭然です。また、同じ内容を議場や委員会の大画面に映したり、プロジェクターで投影したりすれば、傍聴者や議会中継の視聴者にも分かりやすいものとなります。一般質問でも、口頭で長々と説明するよりも写真や表を使用することにより、話が分かりやすくなる場合があります。さらに、災害時にタブレットのGPS機能とカメラ機能を使い、議員が危険箇所などをタブレットで情報収集しながら議会に登庁し、災害対策本部と連携することを決めている議会もあります。タブレットのテレビ電話機能を用いることにより、登庁できない議員が会議に参加することもできます。現状は議会事務局職員が管理していることが多いTwitter（ツイッター）を議員がそれぞれ投稿できるようにすれば、もっと自由な投稿ができるようになり、アカウントの魅力、ひいては議会の魅力もアップするでしょう。

　このようにタブレットを活用することにより、様々な可能性が考えられます。単に議会資料を電子化して満足している議会がありましたら、さらにその先を考え、魅力ある議会にするためのタブレットの活用を考えてみたらいかがでしょうか。

ペーパーレスの目的以外でタブレット活用をする際に注意することは？

　タブレットを議場外で活用する方法が各議会で模索されています。ただし、それぞれに課題があることを念頭に置く必要があります。例えば一般質問においてタブレットを活用し、参考資料として動画などを用いた場合、会議録への掲載方法をどうするかは事前に決めておく必要があります。フリップを議場で使用することを許可しているある議会では、あくまでフリップは質問する際の補助的な資料であるという考え方で、フリップに記載されている表などは会議録に掲載されません。

また、災害時に活用する際に気になるのが「そもそも災害発生時にインターネットにつなぐことができるのか？」ということです。大みそかから正月にかけて、アクセスの集中により携帯電話がつながりにくくなることは知られていますが、災害時にもアクセスが集中してつながりにくくなることは想定されますので、それを見込んだ計画を立てる必要があります。

　そのほかTwitter（ツイッター）に議員が投稿できるようにした方が、議会事務局職員による無機質な投稿よりも魅力が出せると思いますが、投稿の内容があまりにも偏りすぎた場合のチェック機能をどうするかなどの課題もあります。後々もめることになりかねませんので、導入時に先進的な議会を参考にしながらきちんと決めておく必要があります。

第5章　議会改革

4 政策条例づくり

議員が政策条例を提案するのはなぜ？

　選挙の際に様々な公約を掲げて議員は議席を得ています。そして、その公約を果たすため、首長に政策や予算の提案書を提出したり、一般質問等で政策を提案したりするなどの活動を行っています。しかし、最終的に実行するのは首長であり、いい政策を提案し続けても採用される保証はありません。

　一方、議員には地方自治法112条1項の規定により条例案を議会に提出する権限があります。首長が議員の提案する政策を実行しないのなら、条例を制定することで実行を迫るという手法がとれるのです。以前から多かった議員提出の条例案としては、首長からの手数料等の値上げ提案に対し、いわゆる野党系の会派がそれを撤回するような条例案であり、否決されることが常でした。どうしてもとんがった主張の条例案は、議会の過半数の賛成を得ることは難しく、全国の自治体議会で可決されている条例は理念条例的なものがほとんどです。ただ、一度議員提出の政策条例が制定されると、その充実感から次の条例案を手がけてみたくなるようで、活発な議会とそうでない議会との間では温度差がかなりあるようです。

そもそも条例案を議員が提案する必要がある？

　「議員提出で条例案を出すのではなく、議員の意に沿うような条例案を首長に提出させるのが議員の仕事だ」という意見があります。「いい政策を提

案するのが議員の仕事であり、議会開会前にしっかりと行う。それを受けて執行機関が条例に仕上げ、議会で提案する」というやり方です。昔は「議場の裏にある小部屋で本当の政治が行われている」なんて話がまことしやかにうわさされたりしていました。しかしこのやり方は、「議員が何をしているのか分からない」、「議会で一言も発言がない議員がいる」などの批判を生みました。そしてその批判は「○○市議会は議員提案の政策条例が過去10年間で１本もない」という批判につながり、「議員提案の新規政策条例案がないこと＝議会機能が麻痺していることの象徴」のように騒ぎ立てられるようになりました。

　議員は首長とは異なり、補助機関としての職員を有していません。そのため「現状の体制のままであれば、議員は首長提案の議案をきちんとチェックすることが一番大事であり、その時間を割いてまで無理に自ら条例案を提出する必要はない」という意見の識者もいます。首長の背後には数百人、数千人の専門の職員がついていますが、議員には数人から十数人程度の議会事務局職員しかいません。きちんとしたサポート体制がないまま、「議員提出の政策条例がない議会＝無用な議会」という構図をつくり上げる論調には大きな疑問があります。首長提案の議案をしっかりと審査し、必要に応じて修正したり、既存の条例の一部改正案を提案したりすることも立派な政策提案です。これらは新規条例案をつくるのに比べはるかに少ない労力で行うことができ、かつ、きちんとした結果を生み出すことができます。議会としての政策提案というと、新規条例案の制定のみが取り上げられがちですが、上述のように、それぞれの議会に応じた方法があります。もちろん、新規の政策条例案の提出を否定するものではありません。首長提案の条例案はどうしても部や課単位でのものになりがちであり、地域全体を見渡した提案ができることなど、議員提出政策条例案の利点は多くあります。

　なお、議会基本条例が制定されている場合、議会での政策形成をうたっていることがほとんどだと思います。新規の政策条例案の提出ありきと思われ

がちですが、議員間討議を活発にしたり、首長提案の議案を修正したりするなどの方法も政策形成を行っているといえるでしょう。「首長提案の議案は全て原案可決、質疑なし。議員提出の政策条例案もなし」なんてことになると、どこで政策形成をしたのか分かりません。住民から「条例違反」と批判されかねませんので、ご注意を。

予算を伴う条例案は提出できる？

「予算を伴う条例案は首長のみが提出できる」との意見を耳にすることがありますが、これは本当でしょうか？

地方自治法97条2項に「議会は、予算について、増額してこれを議決することを妨げない。但し、普通地方公共団体の長の予算の提出の権限を侵すことはできない」とあります。また、同法112条1項に「普通地方公共団体の議会の議員は、議会の議決すべき事件につき、議会に議案を提出することができる。但し、予算については、この限りでない」ともあります。そのため「予算を伴う条例案を議員は提出できない」という誤った理解をしている方もいますが、あくまで予算案の提出は首長のみであることを規定しているものであり、予算を伴う条例案を議員が提出することを否定しているものではありません。だいたい予算を全く伴わない条例に実効性が伴うのでしょうか。いわゆる理念条例でも、その周知などに一定の予算が必要となることはご理解いただけると思います。

では、「住民の医療費を全て無料にします」という条例案を議員は提出することができるのでしょうか。地方自治法222条で「普通地方公共団体の長は、条例その他議会の議決を要すべき案件があらたに予算を伴うこととなるものであるときは、必要な予算上の措置が適確に講ぜられる見込みが得られるまでの間は、これを議会に提出してはならない」と規定されています。こ

れは首長に対する規定ですが、議員が提出する際にもこの趣旨を踏まえるべきとされています。そのため、条例案を提出する際には執行機関との調整をきちんと行い、財政的な見通しを得た上で提出すべきです。とはいえ、こんなおいしい条例案が財政的な見通しが立った上で可決されるようであれば、首長が真っ先に提案してしまいますね。

　なお、首長が住民への負担を強いることになる施策（例えば国民健康保険税の住民負担増）を行った際に、野党系の会派を中心にそれを従前の負担率に引き下げるような条例案を提出することがあると思います。この場合、執行機関との調整がうまくいくわけがありませんから、財政的な根拠として「予備費」を使用したりしています。

その条例、本当に必要？

　先に述べたように、議員提出による新規条例は、「○○基本条例」とか「○○乾杯条例」などのいわゆる「理念条例」が多く見られます。議会での合意を得やすいとか、比較的つくりやすいという理由もあるでしょう。しかし、その条例は本当にその自治体に必要なのでしょうか？　例えば、「議会基本条例」は議会の最高規範として制定していると思いますが、その内容を見ると会議規則で定めることができてしまうものが多く、さらにいえば、条例として定めなくても実行できることがほとんどです。議会として当たり前のことを規定していますが、それを改めて示すことで、住民の理解が深まったり、議員も初心に帰って議会活動を見直したりすることなどから、一定の効果があることは否定しません。

　議員の皆さんはよくご存じだと思いますが、議会というのは従前のやり方をひとつ変えるだけでも相当な労力を要することが多いものです。議会基本条例を制定することで、劇的にやり方が変わった議会も多いのではないで

しょうか？このような効果があったのであれば、議会基本条例の制定は意義あるものであるといえます。とはいえ、同じ議会基本条例でも、他の自治体の条文をコピペして、義務規定を努力規定に変更するなどして形だけ条例案に仕上げた議会もあるなんて話も聞こえてきます。そうなると、その条例って本当に必要だったの？という疑問が湧いてきます。魂の入った理念条例であれば、制定することにより様々な効果が波及して有意義なものになるでしょう。しかし、そうでないのであれば、時間と手間をかけて意味のない規制や努力義務を課すような条例をつくっても、現場が困るだけです。くれぐれも条例を制定することが目的とならないようにご注意ください。

どうすれば可決される条例案を出せる？

　全国市議会議長会によると2017（平成29）年中の議員提出の政策条例案は113市で143件あり、原案可決が93件、否決が39件でした^(※)。いわゆる野党会派が首長の施策に反する条例案を提出することが多いため、思ったより否決の数が多いかもしれません。否決される可能性が高い条例案であっても、毎定例会に提出することにより会派の姿勢を示すということは理解できますが、せっかく苦労して条例案を提出するのですから、できれば可決されるようにしたいものです。

　では、可決される条例案づくりについてですが、複数の会派の議員が提出者になっている条例案は可決される可能性が高いといえます。例えば、和歌山市議会では全会派の代表者からなる政策条例策定協議会を立ち上げ、2013（平成25）年2月に「和歌山市みんなでとりくむ災害対策基本条例」を、2014（平成26）年12月に「和歌山市みんなでとりくむ生き活き健康づくり条例」を制定しています。可決される条例案づくりには議会としてのまとまりが不可欠です。各議会で政策条例の研究会などにより提案されている条例案

は、その多くが可決・制定されています。議会による継続的な条例案提出を念頭に入れるならば、そのような「場」の設定が必要です。では議会がそんな雰囲気になっていないときはどうすればよいのでしょうか。もしも議会基本条例が制定されているならば、政策提案を行うという条文を盾に場をつくってしまう方法が手っ取り早いかと思います。あるいは議員研修として、議会改革に精通した講師にお願いし、講演の中でうまく誘導してもらうのも一定の効果が見込めると思います。

　慣れない条例案づくりは、最初は難航するものです。そこで、議員提出議案のサポート経験がある有識者を交えて行うと、比較的スムーズに案づくりが進みます。その後、多くの議会ではパブリックコメントを経て条例案を提出しています。議会におけるパブリックコメントについては「住民の代表としての議員の意見が住民の声なのだから、必要ない」との否定的な意見もありますが、住民との意見交換を行って内容を整理し、さらに議会で審議した方が、より密度の濃い議論ができるのではないでしょうか。

（※）　全国市議会議長会「平成30年度市議会の活動に関する実態調査結果（平成29年1月1日～12月31日」（平成30年11月）

うちの議会ではつくれないと思うのですが？

　議員提出の政策条例を制定したことがない議会では、そのハードルは富士山よりも高く、着地点が全く見えてこないと思います。いざ、条例案の検討を始めても、同じ会派内ですら意見がなかなかまとまらず、前に進まなくなることはしょっちゅうです。それまで条例案なんてつくらなくても長く務めてくることができた議員から見ると、わざわざ多大な労力を用いてそんなことをする必要性を感じられないかもしれません。そのため、いわゆる長老議員が強力なストッパーとなって立ちはだかるという図式が往々にして見られ

ます。ある議会では、全会派の有志からなる議会改革の検討会が立ち上がり、熱心に検討した結果をまとめた改革案を議長に提出したのですが、検討会のメンバーではない長老議員から「待った」がかかりお蔵入りとなってしまいました。検討会メンバーの落胆ぶりは想像に難くありません。なお、後日談としてその数年後、待ったをかけた長老議員を委員長とする議会改革の特別委員会が立ち上がり、検討会のメンバーが提出した改革案と同様の内容を多く含んだ議会基本条例が成立するという結末となったようです。いうまでもなく議会というのは議員の集合体ですので、各議員の意向を忖度し、タイミングを計るという政治的なセンスを発揮する必要が出てきます。

　タイミングを計る方法としては、議員研修会等に政策条例案づくりに長けた有識者に講師として来てもらう方法が一番だと思います。実際に条例案づくりをしている人の話は説得力があり、また自分たちにもできるような気にさせてもらえます。流れに乗る方法としては、議会基本条例を制定して気分がよくなっているときや、流行の条例に乗っかるのもひとつの方法です。流行の条例は参考にできる条文が多くあるため、イメージがつかみやすく取り組みやすいと思います。一度条例案づくりを経験すると、以前は富士山のように見えたものがケーブルカーでらくらく登れる高尾山のように見えてくるから不思議です。これは議員だけではなくフォローする事務局職員にもいえることです。

そもそも議会事務局が支えられる？

　議会基本条例では議会事務局の政策法務機能の強化がうたわれており、議員提出の条例案づくりにおけるサポート役として期待されています。しかし、実際はどうでしょうか？　政令市や中核市などの大きな議会では政策法務担当の課や係が置かれていますが、その他多くの市区町村では名ばかりの担当

者がいればいい方です。議会基本条例の制定により、苦肉の策として執行機関の法制担当者を議会事務局と兼任させている自治体もあります。しかし担当者からすれば、議会提出の条例案と執行機関提出のものとの間で板挟みになってしまい、なかなか苦しいとの話もあります。このように本当に議員提出の条例案を目指そうとしても、事務局の体制として現実的には厳しい部分があるようです。

　また、法制事務の経験者を議会事務局に配置するように配慮している自治体もありますが、職員数が削減されていく中で、日々の調査事務などに忙殺されてしまっている状況も見受けられます。そのため、議員提出の政策条例案づくりには議会事務局の体制づくりも必要となります。局長が逃げ腰で担当者に丸投げするような体制では、うまくいくものもいかなくなります。局長にも関与してもらいながら、足りない人員は専門的知見を活用することで、先が見えてきます。

　なお、議会事務局の法制部門の強化については、どこの議会でも頭を悩ませる問題です。2011（平成23）年の地方自治法の改正で議会事務局の共同設置が可能になりました。そこで問題解決策のひとつとして、法制部門のみ近隣の議会と共同設置するという方法があります。もちろん「提案した議員と緊密なやりとりが必要になるため、その部分を外に出すのは困難ではないか」などの慎重な意見もあります。しかし、実際に法制事務も行っていた元職員としては、どんな形であれ、すぐに問合せをしたり意見を求めたりすることができる存在があると、大変心強いものです。共同設置とまではいかなくても、法制事務を行う上で寄り添ってくれる有識者がいれば、自信を持って議員提出の政策条例のサポートができると思います。近年増加している大学とのパートナーシップ協定締結の動きなどは、その解決策のひとつなのではないでしょうか。

第5章　議会改革

5　議員定数と報酬

議員定数はどうやって決めている？

　ご存じのとおり、自治体議会の議員定数は条例によって定められており、議会によって異なります。そのため、自治体の規模が同じくらいであっても、議員の数には開きがある場合があります。議員数が多い議会は「無駄な議員は減らすべきだ」との批判の的になりやすく、少ない議会は「身を削って議会改革を行っています」と分かりやすいアピールができることから、各地で競うように議会改革という名の議員数減らしが行われてきました。しかし、これではお互いに体力を奪い合うだけであり、適正な議員数の決定とはほど遠いものです。同じような人口規模であれば、必要とされる議員数に大きな違いはないはずです。できれば国で統一した基準を出してくれれば、議員数の議論に決着がつくのではないかと思われる方もいるかもしれません。

　実は2011（平成23）年の地方自治法改正により、それまで人口段階別にあった議員定数の上限が撤廃されました。それまでは、人口10万人以上20万人未満の市では議員数の上限が34人と定められていました。そのため、この数字を基準として各議会で議員定数を定めており、住民からの議員数への批判についても、この数字を引き合いにかわしてきた歴史があります。しかし、法改正により各議会で必要な定数を自ら定めることが求められるようになり、適正な議員定数を自ら定めるよう促されることとなりました。とはいえ、ほとんどの議会では、あまり議論は進んでいません。本来は各議会で必要な議員定数について様々な角度から話し合い、決定すべきです。

適正な議員定数は？

　適正な（住民に文句をいわれない？）議員定数の決め方の妙案はないのでしょうか？　ある議会では「どうせ、毎回議員定数の削減が求められるのだから、今回は4人減らせるところだけど、2人だけにして、あとの2人分は次回の選挙前に残しておこう」なんて長老議員によるざっくりとした議員定数の決定がされてきたなんて話も聞いたことがあります。

　しかし、それでは住民に対する説明として苦しいものになります。最終的には議会で議決する以上「お手盛り」といわれればそれまでですが、説明できないお手盛りはよくないお手盛りです。近年の適正な議員数決定の根拠としてよく耳にするのは、常任委員会の数×委員数で決定するものです。2010（平成22）年に会津若松市議会の議会制度検討委員会が「議員同士で十分に議論するために7人から8人必要であり、常任委員会が4つあることなどから議員定数を30人とする」と最終報告を出しました。現在この考え方は全国的に浸透してきており、多くの議会で選挙前になると提案されていた議員定数の削減に一定の歯止めがかかる結果となりました。これ以上議員数を減らすのであれば、委員の数か常任委員会の数を減らす必要がありますが、議員間討議を行ったりすることを考えると、委員の数を何の検証もなく減らしすぎることは、自らの首を絞める行為になりかねません。選挙対策として議員定数削減の方向に議論が行きがちな現実もあるかもしれませんが、適正な定数について議会できちんと話し合い、その結果について折に触れて住民に説明できるようにすべきと考えます。

議員の数は多すぎるのですか？

　議員報酬等と並んで批判が多いのが、議員の数についてです。2011（平成23）年に地方自治法が改正されるまでは、議員定数は自治体の人口ごとにその上限数が決められていました。そのため、住民から事務局に寄せられる「議員の数が多すぎるのではないか」などとの指摘には「法律で数が決まっているので、それに基づいて議員数を定めています」などと説明することで一定の理解をいただいていました。しかし、法改正により議員定数の規定が撤廃され、各自治体で自由に決めることができるようになり、上記のような言い訳は鮮度が落ちているのが現状です。

　さて、議員定数といえば、選挙前になると定数削減を模索する動きが見られます。選挙地盤が強い会派は定数削減を主張し、逆に定数削減による議席数減少が予想される会派は、定数削減に反対する代わりに議員報酬の削減を提案することがあります。「議員報酬の削減により浮いた額」と「定数削減により浮いた額」が同じ額になるように議員報酬を削減することにより、議員数の削減を求める住民の批判をかわすのが狙いです。しかし、本来であれば、地方自治法改正を受け各議会で議員定数をどうするか議論を行い、住民に説明ができる議員定数をきちんと決定しておけば、選挙対策としての定数削減の議論は必要なくなるのです。ある議会では、選挙前に定数削減の提案を受け、議員定数についての議論を続け、常任委員会が機能する最小限の人数を6人として議員定数を決定し、委員会の数×6人＋議長で25人と定まりました。最初は、選挙対策による定数削減の提案であったのが、そこから議会での議論につながり、議会の総意として議員定数が結論付けられたのです。政治に無関心な住民による根拠のない議員数への批判は、議員数をいくら減らしても続きます。そのような批判があったときに、きちんと説明できるよう議員定数に関する議論は各議会で行う必要があります。

議員報酬は給料とは違う？

　常勤の職員である議会事務局職員に支給されるのは「給料」です。給料は労働力を提供し、その対価として支払われるものです。これに対し、自治体議員には「議員報酬」が支給されます。以前は、根拠規定は非常勤職員等に対する報酬と同じでしたが、2008（平成20）年の地方自治法改正で「議員報酬」として定められました。議員報酬は一定の役務に対する対価であり生活給ではないとされています。給料との違いとしては、生活給ではないため、差押えの際には民事執行法により手取り額の全額を差し押さえられてしまいます。

　なお、議員に支給される給付としては議員報酬のほかに「費用弁償」、「期末手当」、「政務活動費」があり、条例に基づき支給することができます。しかし、これ以外については法律の定めがない以上、支給することができません。

議員報酬の金額は変更できる？

　議員報酬の金額を変えるには条例を改正する必要があり、議会での議決が必要です。つまり、自らの報酬を増やすのも減らすのも自分たちで決定できてしまい、お手盛りとの批判が絶えません。

　そこで、議員の報酬額については、有識者や住民代表などから構成された「特別職報酬等審議会」（執行機関側に置かれます）に諮問して、答申を得てから改正条例を議会に提出するのが一般的です。もちろん、審議会を経ずに改正条例案を提出し、賛成多数で可決させてしまうことも可能です。しかし、議員報酬は住民の関心が一番高い部分であることから、慎重な取扱いが望ま

れることはいうまでもありません。

議員報酬の一部を返上したいのですが？

「お手盛りの議員報酬増額に反対して、増額分については受取りを拒否しています！」なんて主張が書かれた議員個人のチラシがポストに投函されていました。元議会事務局職員としては「もしも議員が現金支給を希望して、増額分についてのみ『これは受け取らない』といって事務局に置いていったら職員はどうするのかなぁ」なんて妄想しながら記事を読んでいましたが、さて実際にはその増額分の報酬の受取りを拒否することはできるのでしょうか。チラシには※印付きで欄外に小さく「議員報酬の増額分相当額を法務省に供託しています」と書かれていました。なぜ、そんな面倒くさいことをするのでしょうか。増額分を単純に自治体に返還すればいいだけではないかと思いませんか？

実は公職選挙法199条の2により、議員は選挙区内にある者に対する寄附が禁止されており、議員報酬の返還や請求権の放棄は寄附に該当するため、簡単にはいかないのです。そのため「法務省への供託」という手段をとり、実質的に議員報酬の返上という状況をつくっているのです。なお、供託分については、議員を辞めてしまえば取扱いは自由なので、辞めてから寄附などをするという前提になります。

休んでいても報酬が出る？

条例で特に定めがない場合、議会を休んでいても報酬は全額支給されます。ものすごく一生懸命仕事をしている議員も、一体何をやっているのか分から

ない議員も同様に報酬は支給されるのです。少し前に議会を長期間休んでいるにもかかわらず、3,000万円以上の報酬を受け取っていたとして批判を受けた議員がいました。当該議員としても違法行為ではなく、前述のとおり一部返還もできないため、忸怩たる思いだったのではないかと推測されます。

　また「議員活動は議会の外でも行われており、議会を欠席するだけで議員としての職責を全く果たしていないと決めつけるのはおかしい」との意見もあります。しかし、議会活動は議員の活動の主となる場所です。そのため、長期にわたる議会の欠席について、報酬を減額する条例を定める議会が増えています。

　ただし、公務災害によるものや議長が特に認めたものについては適用除外としています。産休についてはいろいろな意見があるようで、適用除外として明文化している議会もあれば、明文化していないものの議長が特に認めたものとして運用している議会などもあるようです。いろいろな意見があってまとまらないかもしれませんが、少なくとも行方不明や逮捕などの場合における支給の停止についての定めは、きちんとしておいた方がよいかと思います。

第5章　議会改革

6 議会報告会

議会報告会って何ですか？

　議会報告会は現在400を超える市議会で行われており、その多くが議会基本条例の規定に基づくものです。議会基本条例の制定をはじめとした議会改革の成果の一環といえるでしょう。議会報告会は各地で様々な形で開催されていますが、一般的に、議会報告を行った後に質疑応答を行う形が主流です。直前の定例会についての議会報告を行う議会が多く、議案に対する賛成や反対意見の紹介などが行われます。質疑応答は挙手による発言のほか、書面で質問票を集めて議員が答える方法をとっている議会も見られます。

　あくまで「議会」報告会なので、議員個々の意見については述べることができず、議会としての意見しか発言できないところも多く、議員と参加住民双方のフラストレーションがたまる場面も見られます。また、参加する住民にとっても、首長が行う住民説明会との違いが分かりにくく、おのずと市政への陳情の場になってしまい、議論がかみ合わない場面が見られることもあります。ただし、これについては回数を重ねるごとにお互い成熟していく傾向にあるようです。

　現状では「議会基本条例で定められているので議会報告会を行っています」というスタンスで、淡々と議会報告会を行っている議会が多いようです。しかし、せっかく行うのであれば議会報告会をどのような場とするのか、例えば「議会の広報広聴としての場とする」、「住民意見を傾聴する場とする」、「政策提案を受ける場とする」など定義し、報告しっぱなしではなく、その成果を議会にフィードバックできるようにしたいものです。

議会報告会はどうやって開催すればいい？

　議会報告会は定例会等とは違い、議会事務局がお膳立てをして議員は当日檀上に立つだけというスタイルは少数です。会場の手配や設営、駅頭などでの宣伝やチラシの配布、当日のマイク運びや受付まで議員自らが行うことがほとんどであり、事務局はノータッチという議会も珍しくありません。会派の枠を超えて自分たちで行うことにより、議会としての一体感が生まれ、それが報告会での質疑応答に生かされたり、さらなる議会改革の種になったりしているようです。

　さて、議会報告会の成功に向けてとても大事なのが、ファシリテーターとなる議員の役割です。議会改革に関する委員会の委員長がこれを務めることが多いと思います。報告会に参加する住民の多くは議会に対して何かを言いたいために参加してきます。そのため質疑応答では、1つの発言の中に質問や意見、批判や苦情がまとまりなく含まれていることがよくあります。質問の内容を精査し、すぐに答えることができる内容とできない内容を判別して場を回す必要があり、相当の力量が求められます。住民の質問に対する議員の回答が、議会での答弁のようにだらだらと長い場合などにも、適宜コメントを挟むなどして住民が納得できるような回答になるよう促していく必要があります。何にせよ、意見交換の場では「質問はじっくりと聞き、答えは明快かつ簡潔に」が基本です。

議会批判一色にならない？

　議会報告会の回数を重ねると少なくはなってきますが、当初は「議員に一言文句を言ってやろう」という思いで参加してくる住民も少なくないため、

どうしても議員への批判というのが質問として出てきます。多く出るのが「議員報酬が高すぎるのではないか。減額するつもりはないのか？」という質問です。「議会報告会」なので議員個人の見解を述べるわけにもいかず、多くの場合、「第三者機関である特別職報酬等審議会で決定されたものであり、そこでの答申を尊重しています」と自分たちが決めているわけではないという回答が一般的ですが、質問者としては不満が残ります。筆者が参加したある議会報告会では事前に想定質問として準備していたようで、「ある月の〇〇議員の報酬の内訳です。議員報酬〇〇円、国保税〇〇円、市民税〇〇円、電気代〇〇円、研修費用〇〇円……差引き〇〇円で、これが月の生活費となります。これが高いか少ないかは市民の皆様の判断になります」と答えたところ、「意外と少ないなあ」というささやきが会場のあちこちで聞かれ、会の雰囲気が一気に変わりました。「政党への納付金とかあるのでは」という質問にも「もちろんあります。後で来ていただければ詳しくお答えします」と切り返し、お金に関する質問はこの後出ることはありませんでした。下手に隠そうとすると不信感を増すだけであり、「隠さずに全て話しますよ」という姿勢で明快に答えたことにより、議会への不信の一部を拭い去った印象を受けました。

　議会報告会は、自身の支援者向けの報告会と違って、耳の痛い意見や高飛車な物言いの住民の意見も当然にして出ますので、開催を渋る議員も多いと思います。しかし、様々な住民の意見を聞ける場として誠実に回数を重ねていけば、住民も成熟し、実りのある議会報告会へと成長していきます。逆に、何となく義務感で行っている議会報告会は、参加人数が減少していくことと思います。

新しい参加者を増やすには？

　議会報告会を開催すると、初回は自治体関係者や周辺議会の関係者などが視察に訪れ、また議員も積極的に宣伝するため、満員御礼となって活気あふれる会となることが多いです。しかし、回を重ねるごとに参加する住民はだんだん減少し、参加者が固定されがちです。声の大きな一部の住民の意見ばかり拝聴することに嫌気が差したある議会では、無作為抽出で対象となった住民に招待状を郵送し、参加者に偏りが生じないようにして報告会を開催しましたが、それによって参加する住民が激減し、説明する議員が10人以上いるのに対し、住民が数人しかいないという笑えない事態が生じました。こうなると、自由闊達な意見交換などできようもありません。意地の悪い見方をすると、日時を指定した全く興味のない会の招待状が勝手に送られてきて「来い」というものですから、上から目線だと思われてもおかしくありません。それならば、相手が集まっている場所に議会がお邪魔するのはどうでしょうか。例えば子育て広場を会場にして、そこにたまたま来ている若い子育て層を含めてターゲットとするとか、自治会の会議があるときにそこで開催させてもらうなど、「わざわざ報告会を目がけては行かないけれど、たまたまやっているならのぞいてみようかな」という層を取り込むなどの手法が考えられます。

参加者が求める内容とは？

　「議会『報告会』なんだから、報告事項の朗読がメインになっちゃうよね」と参加者の減少に悩む議会の議員が自虐的に言いました。同じような悩みを持つ議会は多いかもしれません。どうしても「報告」という名前にしばられ

てしまうのであれば、「議会報告会」の名前を変更して「報告」の呪縛から解き放たれましょう。「○○議会と大いに語らう会」でも「○○議会に物申す会」でもいいのです。あるいは、議会報告が最低限しかない議会報告会でもいいのです。名前にこだわる必要はありません。中身で勝負です。

さて、報告会の参加者は、何らかのメリットを求めて参加します。議会報や会議録を読めば分かる内容を朗読するような報告会では、参加者が減少するのも当然です。参加者は参加したものにだけ与えられる、いわば「おまけ」を求めて、わざわざ時間をつくって報告会に参加してくれるのです。例えば、報告会で出された住民意見は次の定例会で必ず一般質問するとか、本会議での記録には残っていないが実はこんな舞台裏があったなど、報告会をどのような場として位置付けるかによって異なりますが、いろいろと内容の工夫ができるのではないでしょうか。

個人の意見を言いたいのですが？

議会として報告会を開催するため、報告会では議員個人の意見を述べてはいけないとしている議会がほとんどです。しかし住民からすると、目の前にいる議員個人の意見を聞けないことはとても不思議なことで、不満のたまる要因となっているようです。最近は個人情報保護の観点から目線を隠した写真や動画をよく見ますが、目線を隠した写真をいくら出しても、隠しのない満開の笑顔の写真1枚のインパクトには勝てません。どの議員が回答しても同じ内容になる報告会が面白いわけがありません。参加している議員が自分の意見がどんなにすばらしかったのかをアピールし始めると収拾がつかなくなってしまいますが、個人的な見解とお断りを入れた上で、住民との意見交換をするなど、議会報告会をリノベーションする時期に来ているのではないのでしょうか。難しいのは承知していますが「議会の論理」ではなく、参加

者側の目線に立って報告会の内容を精査してみてはいかがでしょうか。

第5章　議会改革

7 議長立候補制

議長立候補制って何ですか？

　近年、議会改革の流れで正副議長選挙の際、立候補を受付し、候補者が所信表明を行った上で投票を行うという「正副議長立候補制」を導入する議会が増加しており、全国で375市（46.1％）^(※)が導入しています。立候補を受け付けるだけでは、事前に調整した議員が立候補するだけのことで、従前と何の変わりもありませんが、所信表明が加わると意味が出てきます。議長や副議長になったら何をしたいのかを明確にすることで、就任後の議会としての課題や優先事項が明確になります。

　では、所信表明はどのように行ったらよいのでしょうか？　標準市議会会議規則61条では「選挙及び表決の宣告後は、何人も発言を求めることはできない」と規定されています。そのため、多くの議会ではいったん会議を休憩し、休憩中に行ったり、全員協議会などにして行ったりするなどの工夫をしており、本会議中に所信表明を行っている議会は28市しかありません。どのような形で行うにしろ、住民の傍聴を認めれば所信表明の意味はあると思いますが、会議の流れをスマートにして記録に残すためには、会議規則の改正に手をつけるべきではないかと思います。

（※）　全国市議会議長会「平成30年度市議会の活動に関する実態調査結果（平成29年1月1日～12月31日」（平成30年11月）

議長は立候補できないと聞いているのですが？

　地方自治法118条1項において、議会で行う選挙において準用する公職選挙法の規定が挙げられていますが、立候補に関する規定は挙げられていません。そのため「議長選挙において立候補という制度はない」と理解している方は少なくありません。

　しかし、「立候補してはいけない」とはどこにも書かれていません。議員という限定的な集団の中から選出するので、立候補についてわざわざ規定する必要がないと解するべきです。「立候補しなくてはいけない」ともありませんので、立候補していない議員に投票して選出することも法的には可能です。実際に宮崎市議会では、正副議長立候補制を導入しているにもかかわらず、立候補していない議員が議長に選出されるという事態が起きました。しかし、立候補制を導入したということは、選出過程を透明化したいという議会の意思であり、議会として合意を得たものと思います。この結果は議会で決めたルールを自ら破ったものであり、批判が出るのは致し方ないものと思います。

8 議会図書室

なぜ議会に図書室があるの？

議会棟には議場や委員会室をはじめ、会派控室や会議室など様々な部屋が設置されています。その中でおそらく一番存在感のない部屋が「議会図書室」ではないでしょうか？

なぜこんなものが（失礼！）設置されているのか不思議に思う方もいるかもしれません。ご存じの方も多いでしょうが、議会図書室は地方自治法100条19項に基づいて設置されており、全ての自治体議会にあります。そして同法17条及び18条に基づき、国から送られる官報や都道府県から送られる公報などを保管しなければなりません。その他、当該自治体や周辺自治体から送られる行政資料なども保管しています。

また、議会図書室は市民が利用できるようにしてもよいとされており、都道府県など大きな議会では市民が気軽に図書室を利用できるようになっていますが、市区町村議会では利用の実績はほとんどないようです。

議会図書室の役割って何ですか？

地方自治法には議会図書室に官報、公報及び刊行物を保管して置かなければならないとあり、送付された資料の収納庫であるという考え方もありますが、「議員の調査研究に資するため」議会図書室を設置するともあります。保管するだけであれば議会事務局に収めることを定めればよいだけです。つ

まり、議会図書室の設置を地方自治法で義務付けているということは、「執行機関から独立した情報源を得なさい」といっているのです。これにより執行機関提出の条例案等を、執行機関側からもたらされる情報以外の視点でチェックできるようになるのです。

執行機関側から渡された資料や事前の説明だけでは、都合の悪い情報はぼかされてしまい、全ての議案が非の打ちどころがない、すばらしいものに見えてくるでしょう。本会議では「異議なし！」の嵐で、実になめらかに審議は進み、提案された議案は全て可決されます。しかし、これでは「議会は首長の追認機関」だと揶揄されてしまうこととなります。議会の重要な役割のひとつであるチェック機能を果たすためにも、議会図書室の充実が求められているのです。

欲しい本を買ってくれる？

議会図書室で購入する本の選定方法は各議会で異なっています。各会派にアンケートをとって決定する議会もあれば、議会事務局で選定し、購入している議会もあります。また、議会図書選定委員会を設置してそこで決定している議会もあります。しかし要望に応じて購入していった結果、一部の分野に偏ったり、地方自治に関係がなさそうなベストセラー小説が紛れ込んでいたりと、蔵書に一貫性がない図書室も多いようです。

頑張っている議会図書室では、政策に関する図書や一般質問に使える図書を計画的に購入し、内容について議員に紹介したりしていますが、そこまでできる議会は多くはありません。また、新刊の図書購入費についてもほとんどの議会が年間数万円程度であり、年間購読している雑誌などの固定経費が予算を圧迫しているのが現状です。議会の知の集積場として機能させるのであれば、雑誌などについては市長部局でも購入しているものは削減したり、

インターネットのデータベース等で対応したりして、固定経費の削減を考える必要がありそうです。

自治体議会の議会図書室の現状は？

さて、議会図書室の現状はどうでしょうか？一番多いのは「物置」となっている議会だと思います。次々と送られてくる資料が机の上に積まれ、少し前の定例会資料から野球道具、昔の議員の茶わんなど、さらには何が入っているのか分からないパンドラの箱のようなものまで存在し、蔵のような存在になっている議会も多いのではないでしょうか。

また、議会図書室を会議室や議員控室などと兼用している議会も多く、図書室としての機能が生かされているとは言いにくいのが実情です。予算不足による蔵書の不満や専任の職員がいないことによる蔵書の未整理などにより、使う人がいなくなり、図書室として利用できないから物置と化したり他の用途へ転用したりしてしまうのです。

筆者はある自治体議会で庁舎建替えにより新たに設置した議会図書室を見に行ったことがあるのですが、議会図書室と称されるスペースが、廊下に面して設置された本棚のことを指していました。物置になるようなデッドスペースを設けるくらいなら、これでいいという割り切った考え方もあるのだなと驚きました。

議会に図書室は必要？

議会には図書室を設置することが義務付けられており、議会図書室を設置しないわけにはいきません。とはいえ、議会図書室が物置と化している議会

は多いと思います。予算の都合から図書の購入費も微々たるもので、専任の司書を置いている議会もほとんどありません。議員としてもわざわざ議会図書室を使わないでも、図書館を使った方が蔵書数も多いし便利だという意見が多いのもうなずけます。

しかし、議会図書室で目的が達成できるようになれば、議員にとってもこれほど楽なことはないはずです。そのため『戦える議会図書室』とするために、様々な取組が全国で始まっています。例えば、三重県鳥羽市議会では、鳥羽市立及び三重県立図書館と連携を行い、議会図書室にない資料の貸出しを受けたり、レファレンスサービスを受けられるようにしました。また東京都立川市議会では、執行機関側の資料室と議会図書室を一体化させることにより、職員を常駐させることができるようになりました。多くの議会で物置と化している議会図書室もいろいろな知恵を出すことにより、可能性が広がっていくのではないでしょうか。

使える議会図書室にするには？

「議員の調査研究に資する議会図書室」のあり方については、図書館関係者や大学関係者などからも様々な議論があります。理想は予算を増やして蔵書数を強化し、専門の司書を配置する、また、ホームページ上に電子議会図書室を公開し、可能な資料は電子化して掲載していくことも求められるでしょう。

しかし、当然ながらそれには先立つものが必要であり、現実的になかなか踏み込める議会は多くないと思われます。そこで、予算をかけずに機能を上げていく方法として、近年の王道としては、議会図書室を外部の専門的知見を集積させる場として位置付け、公立図書館のレファレンス部門や大学図書

館と連携していく方法が挙げられます。議会図書室で公立図書館や大学図書館のサービスを受けられるようにするのです。

とはいえ、そんなことをしなくても議員自ら地元の公立図書館に依頼すれば、レファレンスサービスは受けられると思います。一体何が違うのでしょうか？　往々にして議員は忙しいので、議会事務局に調査の依頼をするときも非常に簡潔な言葉で依頼することが多く、それを受ける側の事務局職員は、その言葉の裏に含まれた真意を理解する必要があります。そのため、事務局職員は、最近の一般質問や市政の状況から真意を判断した上で調査票を作成しています。しかし、議会に精通していない公立図書館ではそういった判断はなかなかできないため、依頼者の意に沿った調査が毎回できるか不安です。そこで、依頼者の意に沿った結果が得られるように、依頼者とレファレンスサービスとの間に議会人としての筋肉を身につけた職員が入るのです。自ら調査を依頼するよりも満足度の高い調査研究結果が届くのであれば、議会図書室の存在が輝き始めると思いませんか？

司書の調査と議会事務局が行う調査は何が違う？

議会事務局には調査部門が通常設置されており（他の業務と併任なのがほとんどですが）、そこで議員からの調査依頼を受け付けています。事務局職員は議会の「土地勘」をよく分かっていますので、多くを語らなくても依頼内容の背景を判断した上で調査します。事務局職員の調査は、現場への聞取りが主であり、最新の知見やまだ公にはできないような情報も仕入れることができます。

しかし、文献調査はほとんど行われていないようです。ここに議会事務局の調査機能と図書館の司書的見地からの調査機能に違いが出てくるのです。図書館司書による調査は文献調査が強みであり、例えば新規条例案が提案さ

れたときに、すでに制定済みの自治体の同様な条例案との比較表を依頼することができます。また、同様な事例による失敗例を得たりすることができるなど、事務局職員とは異なったベクトルで調査を行います。それぞれの調査結果を組み合わせることによって、調査結果に厚みが増し、市長部局と対峙できる強い議員、強い議会が構築されていくことが期待されます。

すぐにできる議会図書室改革は？

　さて、現実に目を戻すと、物置小屋と化した議会図書室を"使える議会図書室"にするには、かなりの努力が必要です。広島県呉市議会では、議会改革の一環として議会図書室の機能強化を掲げ、公立図書館及び大学図書館との連携や議会図書室情報紙を発行するなどの議員への積極的な情報提供を行うようになりました。また、常駐の司書を採用することで外部の図書館との連携がスムーズになり、議会図書室を入口とした調査機能が向上しました。使える議会図書室に変貌した結果、多くの議員が議会図書室を様々な場面で活用するようになり、2016（平成28）年12月定例会において一般質問を行った議員の半数以上が議会図書室のレファレンスを活用するようになったとのことです。

　しかし、多くの議会では新たに司書を雇用するということのハードルの高さに躊躇することでしょう。その場合は、現在の事務局職員がその役割を果たすのも一手です。公立図書館にはレファレンスサービスがあります。議会事務局職員が、議員からの調査依頼を翻訳して公立図書館に調査依頼をかけ、回答を議員が利用しやすいように加工して仕上げてしまえばいいのです。一般に開放されているサービスを利用するだけなので、正式に連携をする必要はありません。このように「場」としてではなく、まずは「機能」としての議会図書室の役割に着目することで、様々なメニューを考えることができ、

それが議会事務局の強化にもつながることになります。

Column

議員野球はつらいよ

　最近では下火になりましたが、少し前まではそれぞれの議会の議員で野球チームをつくり、他の議会のチームとの交流試合が行われていました。普段は舌鋒鋭く相手を攻撃しあっていても野球となれば話は別。政党も宗教も性別も関係なくひとつのチームにまとまって相手の議会チームに立ち向かい、勝った負けたで盛り上がります。

　とはいえ、市議会議員の平均年齢は 59.6 歳です（※）。しかも普段特段運動をしていない定年を迎える年齢の方が野球をするのですから、様々な特別ルールがあったりもしたようです。議会事務局に異動してきた先輩職員に聞いた話ですが、議員が野球をしていて、打者のベテラン議員がぼてぼてのゴロを打った瞬間、打者の脇にいた議会事務局職員が猛然と一塁に走っていく姿をたまたま見たそうです。そしてアウトになると、打者の議員に「お前、なんでアウトになるんだ！」と怒られている姿を見てしまい、「絶対に議会事務局には異動したくない」とその時心に誓ったと話してくれました。「まさか自分が議会事務局に異動になるとは……」とぼやいていましたが、すでに議員野球は休止しており、ホッと胸をなでおろしていました。

　他にも、執行機関の管理職も試合に駆り出され、駆り出された課長が試合で骨折し、そのまま出勤できなくなったなんて話もあったようです。

　今となっては笑い話ですが、当時はいろいろと大変だったのだろうなと感じるエピソードでした。

（※）　全国市議会議長会「市議会議員の属性に関する調（平成 30 年 8 月集計）」

あとがき

　そもそも議員の仕事って、何でしょうか？

　最後の最後に、一番大事なことを改めて考えてみましょう。

　議員の皆さんは日々、本会議や委員会などの会議、そのための勉強、現地視察、新年会などの地元の会合への出席、街頭演説、国などへの要望活動などに大変精力的に活動されているはずです。それでも、仕事をしていないとしばしば住民やメディアなどから批判されるのは、なぜなのでしょうか。皆さんの活動の成果がきちんと知られていないからでしょうか。議員が知らせたい「議員の仕事」と、一般住民が期待する「議員の仕事」が一致していないからでしょうか。

　「議員の役割」、つまり「議会の役割」に関する、専門書の定番の説明は「行政を監視すること」と「政策を立案すること」です。議員として一般質問などにより、行政の事業の問題点などを指摘し、視察で知った事例を挙げて政策を提案している方が多くいることは事実でしょう。一方で、最終的には首長の提出議案の大半を修正せずに可決し、議員提案の政策条例も可決成立が少ないこともまた事実であろうと思います。これではサッカーでいえば、シュートはしていてもゴールを決めることはほとんどないようなものです。もしかしたら老練な試合さばきで相手のオウンゴールを誘っているのかもしれませんが。ましてや試合中に全くボールに触れない選手のように、議会でほとんど発言しない議員がいたら、議会の外でどんなに活動していても一般住民に納得してもらうのは難しいでしょう。

　付け加えるなら、議員が1人の単位でどんなに声を上げても、それだけでは声の大きい一般住民とあまり変わりません。むしろ議員はスタンドプレーだけでなく、議会内での議論を経て意見をまとめ、チームとして意思を示す「議会」になってこそ、首長に対抗できる力を得られるのです。「議会」というチームとして「行政を監視」し、「政策を立案」し、それを目に見える

「議会の成果」として一般住民に提示することこそが、議員の仕事ではないでしょうか。

とはいえ、各議会の課題は多種多様、各議員が抱える悩みも千差万別です。本書では答えきれていないことも多いかと思います。そんなときは是非ご連絡ください。筆者が所属する「議会事務局実務研究会」の仲間をはじめ、全国には議会実務経験を重ねてきた方々が大勢います。何かお力になれるかもしれません。

最後になりましたが、本書の企画をご提案くださった石川智美さんをはじめとする第一法規㈱の皆さんに御礼申し上げます。また、このような機会を得るきっかけとなった議会事務局実務研究会の仲間達、そして、筆者が在籍した議会事務局の職員及び議員の皆様方にも心から感謝申し上げます。

2018年12月　「デニーズ」小平小川町店にて

林敏之・大島俊也

索引

あ

項目	ページ
挨拶文	41
ICT	163
委員会	10
委員会協議会	112
委員外議員の発言	79
委員会視察	140
委員長	10
意見書	104
一事不再議の原則	45, 47
一部採択	100
一般質問	68
SNS	149
SPコード	151
オブザーバー	54
音声コード	151

か

項目	ページ
会期	25
会議原則	45
会議時間	8
会期不継続の原則	45, 48
会議録	152
会議録署名議員	153
会派	50
会派視察	142
過半数議決の原則	45
可否同数	46
簡易採決	80
幹事長会	54
議案不可分の原則	49
議員辞職勧告決議	107
議員定数	192
議員平等の原則	45
議員報酬	195
議会運営委員会	76
議会改革	165
議会改革度	172
議会基本条例	170
議会事務局	38
議会事務局の共同設置	191
議会中継	120
議会図書室	206
議会のスケジュール	6
議会費	86
議会報	144
議会報告会	198
議会ホームページ	146
議決	27
議決事項	28
議事公開の原則	45
議事整理	31
偽証	125
期数	15
議席	9
議長	31
議長不信任決議	107
議長立候補制	204
行政実例	102
行政評価	88
行政報告	29
起立採決	80
組替え動議	95
継続審査	48
決議	104
決算	83
欠席	27
兼業	12
現状維持の原則	45, 46
公述人	109
交渉会派	54
公聴会	109
声の議会報	150
告発	125

さ

項目	ページ
採決	35, 79
採決の先送り	80
再質問	73
産休	197
参考人	110
視察	143

索引

視察報告書	143
事情変更	47
次第	35
質疑	69
執行機関	10
執行率	90
実績値	90
質問	69
指名推選	32
修正案	95
趣旨採択	100
出産	27
紹介議員	102
少数意見の留保	95
少数会派	51
証人	125
常任委員会	76
証人尋問	124
所信表明	204
資料要求	91
審議未了	48
スケジュール	7
請願	99
政策条例	184
整文	152
政務活動費	133
政務調査費	133
全員協議会	164
選挙	32
専決処分	29
宣誓	125
先例	56
先例集	59

た

代表者会	54
タブレット	178
調査	13
調査報告書	127
陳情	99
Twitter（ツイッター）	149
通告書	71
通年議会	25
通年の会期	25
デイジー方式	150
定足数の原則	45, 46
定例会	6, 7
点字版議会報	150
投票採決	80
討論	48
討論1人1回の原則	48
特別委員会	76

な

| 任期 | 5 |

は

発言の取消し・訂正	154
パネル	77
１人会派	54
100条委員会	123
100条調査権	123
標準市議会会議規則	27
費用弁償	111
Facebook（フェイスブック）	149
不規則発言	154
副議長	37
附属機関	146
附帯決議	95
付託	7
不認定	97
分科会	84
分割付託	49
文書表	99
ベテラン議員	15
傍聴	114
本会議	7

ま

| 申し合わせ | 56 |

や

ヤジ	154
野党	17
YouTube（ユーチューブ）	121
予算	83
与党	17

ら

| 領収書の公表 | 137 |

臨時議長 …………………………………… 34
レファレンスサービス ……………………… 209
連合審査会 ………………………………… 49, 102

執筆者一覧

林　敏之（はやし　としゆき）

東京都東村山市出身、在住。議会事務局実務研究会会員、東京都立川市職員。富山大学大学院理学研究科修士課程修了後、民間企業において自然環境調査業務に従事。2003（平成15）年立川市役所入庁。保険課、議会事務局（5年間）を経て2013（平成25）年より市民課。

大島　俊也（おおしま　としや）

千葉県習志野市出身、東京都小平市在住。議会事務局実務研究会会員、東京都墨田区職員。専修大学法学部卒業後、1996（平成8）年墨田区役所入庁。議会事務局議事係（3年間）、高齢者福祉課、職員課、安全支援課、議会事務局議事調査主査（5年間）、産業経済課産業振興主査を経て、2017（平成29）年より産業振興課産業振興主査。

吉田　利宏（よしだ　としひろ）・「第3章9　100条委員会」部分執筆

兵庫県神戸市出身、東京都東久留米市在住。「議会事務局実務研究会」呼びかけ人、元衆議院法制局参事。著書：『地方議会のズレの構造』（三省堂　2016年）など多数。連載：「議会からの条例入門」（地方議会人）、議会事務局実務研究会の一員として、しばしば「議会コンシェルジュ」（議員NAVI）を執筆。

「議会事務局実務研究会」とは

2011（平成23）年6月、吉田利宏氏と町田市議会事務局調査法制係担当係長（当時）の香川純一氏の呼びかけにより発足。自治体議会事務局、国会事務局・法制局、国会図書館の職員及び経験者によって構成された実務家集団。会員が日常抱えている小さな疑問や課題を持ち寄り、それらについてオフサイトミーティング形式で意見交換、情報交換をしながら、実務の視点に立った研究を続けている。今までに取り上げたテーマは、予算の増額・減額修正、議会の規則制定権、議員による政策条例、会議録の訂正など。

サービス・インフォメーション
──── 通話無料 ────
① 商品に関するご照会・お申込みのご依頼
　　　TEL 0120(203)694／FAX 0120(302)640
② ご住所・ご名義等各種変更のご連絡
　　　TEL 0120(203)696／FAX 0120(202)974
③ 請求・お支払いに関するご照会・ご要望
　　　TEL 0120(203)695／FAX 0120(202)973

● フリーダイヤル（TEL）の受付時間は、土・日・祝日を除く9：00～17：30です。
● FAXは24時間受け付けておりますので、あわせてご利用ください。

Q&A　今さら聞けない自治体議会の基礎知識

2019年3月1日　初版第1刷発行
2022年7月15日　初版第2刷発行

著　者　議会事務局実務研究会　林敏之・大島俊也
発行者　田　中　英　弥
発行所　第一法規株式会社
　　　　〒107-8560　東京都港区南青山2-11-17
　　　　ホームページ　https://www.daiichihoki.co.jp/

Q A議会基礎　ISBN 978-4-474-06531-4　C0032（8）